Prefácio de Paulo Maccedo
autor do *best seller* A Arte de Escrever para a Web

COPYWRITING
PALAVRAS QUE VENDEM MILHÕES

GUSTAVO FERREIRA

São Paulo, 2018
www.dvseditora.com.br

COPYWRITING
PALAVRAS QUE VENDEM MILHÕES

Copyright© DVS Editora Ltda 2018. Edição revisada 2019.

Todos os direitos para a língua portuguesa reservados pela editora.

Nenhuma parte des a publicação poderá ser reproduzida, guardada pelo sistema "retrieval" ou transmitida de qualquer modo ou por qualquer outro meio, seja este eletrônico, mecânico, de fotocópia, de gravação, ou outros, sem prévia autorização, por escrito, da editora.

Capa: Felipe Cerqueira
Revisão: Alessandra Angelo - Primavera Revisão de Textos
Diagramação: Schaffer Editorial

```
       Dados Internacionais de Catalogação na Publicação (CIP)
              (Câmara Brasileira do Livro, SP, Brasil)

    Ferreira, Gustavo
       Copywriting : palavras que vendem milhões :
    descubra os segredos das maiores cartas de vendas
    escritas pelos maiores copywriters do mundo--
    e entre na mente deles para criar as suas cartas
    multimilionárias / Gustavo Ferreira. -- São Paulo :
    DVS Editora, 2018.

       ISBN 978-85-8289-189-6

       1. Comunicação comercial 2. Comunicação escrita
    e impressa 3. Marketing 4. Marketing na Internet
    5. Planejamento estratégico 6. Propaganda
    7. Propaganda - Linguagem 8. Vendas I. Título.

 18-20865                                       CDD-659.13
              Índices para catálogo sistemático:

       1. Marketing : Comunicação : Propaganda    659.13

    Iolanda Rodrigues Biode - Bibliotecária - CRB-8/10014
```

Sumário

Prefácio 5
Introdução: Como Usar Este Livro 9
Um Pouco de História 13
O que é Copywriting 19
Marketing e Resposta Direta 23
Definição do Seu Avatar: Conheça Seu Público 31
152 Headlines Altamente Persuasivas 37
   Bônus: +67 Headlines Altamente Persuasivas 55
12 Cartas de Vendas Multimilionárias 61
   Brasão de Família - Coat-Of-Arms – Gary Halbert 65
   Wall Street Journal – Martin Conroy 68
   Rolls Royce usados – Gary Halbert 73
   Robert Allen – Gary Halbert 76
   DollarShaveClub.com 80
   Jay Abraham 83
   Melhor Que Livre de Risco – Jornal Bicentenário 86
   Robert Bartlett – Geração de Leads para Imóveis 89

Pesquisa de Mercado com Médicos 92
Cavalinha Salgada 94
Revista Reader's Digest 98
A História de Dois Homens que Lutaram na Guerra Civil 101

Mais Recursos 105

A Grande Ideia 109

O Poder das 500 Palavras (mais 26 exemplos) 115

7 Passos Para Escrever Copys Vencedoras 131

Roteiro de 52 Passos 141

15 Lições de Gary Halbert 163

Anexo 1: Como Montar Uma Oferta Irresistível 169

Anexo 2: Jornada Do Herói 185

**Anexo 3: Um Modelo de História que
Funciona MELHOR Que a Jornada do Herói** 195

Anexo 4: Preencha Os Espaços 201

Concluindo 211

Prefácio

"No mundo moderno dos negócios é inútil ser um pensador criativo e original, a menos que você também saiba vender o que cria".
David Ogilvy

Se eu pudesse voltar no tempo – mais precisamente há 9 anos, quando comecei a pensar em fazer negócios – e dar um único conselho a mim mesmo, seria es e: "Aprenda Copywriting!" Isso mudaria a minha vida, com toda certeza.

Para você que ainda está se familiarizando com o termo, Copywriting tem a ver com "fazer uso das palavras corretas para se comunicar com um público e guiá-lo a uma tomada de decisão".

Também gosto de dizer que Copywriting é "A Arte de Escrever Para Vender", enquanto que o Gustavo Ferreira diz: "São Palavras Que Vendem Milhões". Todas essas definições são válidas, mas essa última é decisiva.

No Século XX, campanhas de publicidade que fizeram milhões de dólares e levaram marcas à fama foram feitas com base nessa técnica.

David Ogilvy, o pai da propaganda moderna, criou a famosa campanha do carro Rolls-Royce com um título arrebatador e um texto de 607 palavras usando técnicas de Copywriting. Isso elevou o status da marca e fez com que o carro fosse visto como um produto altamente desejável.

Usando os mesmos fundamentos, outro gênio da comunicação, William "Bill" Bernbach, fez o Fusca vender como água na época da Segunda Guerra Mundial. Criou uma peça que exibia uma imagem simples e um pequeno texto que fez milhares de pessoas escolherem o famoso carro como segundo veículo da família.

Poderia citar tantos outros casos, alguns mais recentes, como o do "Perfume Tova", que teve um texto de vendas escrito pelo americano Gary Halbert. Aliás, o Gustavo fala disso num capítulo deste livro. Quando ler a respeito desse exemplo, procure captar a essência da campanha genial feita por Halbert. Você vai se surpreender!

Ainda hoje, em plena Era Pós-digital, o que faz negócios digitais faturarem alto é o Copywriting, por isso os maiores empreendedores e empresários do ramo fazem uso dele para ofertar os seus produtos.

Analise os famosos lançamentos de 7 dígitos, as estratégias de vendas perpétuas mais lucrativas, os afiliados profissionais que mais faturam, as páginas de vendas que mais convertem; Todos, sem exceção, contam com o poder do que será tratado nas páginas deste livro.

Especialistas americanos em Internet Marketing, como Ryan Deiss, Frank Kern, Brendon Burchard, Russell Brunson e Gary Vaynerchuk, por exemplo, construíram negócios multimilionários usando o poder do Copywriting. No Brasil, também há bons exemplos.

Talvez seja isso que falta para você crescer hoje.

Enquanto você continua procurando um novo curso de marketing, a última sacada matadora de algum guru, uma ferramenta mirabolante, a tática que fez um amigo da sua prima virar a chave e vender muito, empreendedores "expertos" estão fazendo uso do bom e velho copywriting com roupagens novas.

Muitos deles não vão falar isso para você, claro, porque não querem ter concorrentes. Logicamente, desejam ficar com todo o ouro. Você faria o mesmo no lugar deles! Mas eu, francamente – assim como o autor deste livro – ganho mais apresentando o Copywriting ao maior número de pessoas. Pode acreditar, esse é o nosso trabalho como autores.

Prefácio

Antes de fechar o prefácio destaco que, para vender bem, você precisa gerar uma forte conexão com o seu potencial cliente. E nesse contexto, o entendimento da sua mensagem deve ser imediato e o interesse pela solução prontamente despertado. Só uma comunicação facilitada e persuasiva como o Copywriting pode proporcionar isso.

Estamos falando de um modelo de escrita que já acumula mais de um século de aperfeiçoamento e resultados indiscutíveis em vendas. Ao longo de todo esse tempo, muitos estudos foram realizados e a técnica foi melhorando cada vez mais. Todo esse avanço está ao seu alcance hoje.

Acredite, caro leitor, não existe outro jeito de obter resultados grandiosos nos negócios a não ser com o uso do Copywriting. Se você deseja continuar no mercado e não ser engolido pela concorrência, você precisa disso.

Aqui está a sua chance de embarcar numa jornada de conhecimento que fará toda a diferença. Ao virar a página, você aprenderá a escrever palavras que vendem milhões – e sua vida nunca mais será a mesma!

Paulo Maccedo

Escritor e profissional de Marketing. Atua com comunicação há quase uma década, sendo a metade disso dedicada ao mercado digital. Já teve mais de 2.000 artigos publicados e é autor dos livros de negócios *Eu, Vendedor* e *A Arte de Escrever para a Web*, lançados pela DVS Editora.

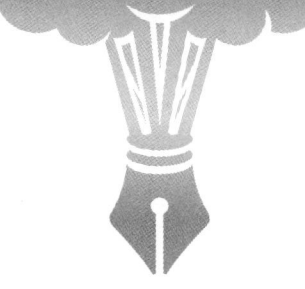

Introdução: Como Usar Este Livro

Caro Amigo,

Parabéns! Você tem nas suas mãos um grande tesouro.

Sei que parece estranho começar um livro dizendo como "usá-lo", mas acredite, esta seção é fundamental.

Na primeira edição digital deste livro (lançada em 2015), compilei 152 Headlines Altamente Persuasivas, 7 Cartas de Vendas (que somadas venderam mais de US$ 1 bilhão), meu passo a passo para escrever cartas de vendas, e diversas outras informações para você se inspirar e aplicar em seu negócio.

Hoje, nesta edição física, revisei e ampliei o material original para você ter em suas mãos um livro de referência direta para aplicar em seu negócio.

Em inglês, este livro é conhecido como um grande *swipe file*, ou seja, um arquivo que você sempre pode olhar para conseguir inspiração de outros grandes copywriters de todo o mundo.

E mais do que *grandes* copywriters. O que você tem em mãos foi criado pelos melhores copywriters do mundo.

Trouxe essas cartas de vendas, headlines, e tantos outros materiais por um único motivo: Você precisa de inspiração e referências de estratégias que já funcionaram antes.

Apenas "copiar e colar" as cartas de vendas substituindo com o seu produto ou serviço, não surtirá o mesmo efeito.

Mesmo a maior parte das referências sendo dos Estados Unidos, as pessoas, o mercado como um todo, está ficando cada vez mais sofisticado.

Por exemplo: uma das cartas de vendas é do Wall Street Journal, que circulou praticamente a mesma mensagem durante 25 anos.

O começo dela é assim:

> "Em uma bela tarde de primavera, 25 anos atrás, dois jovens se formaram na mesma escola. Esses jovens eram muito parecidos. Os dois foram estudantes melhores que a média, ambos eram bem apessoados e os dois – como jovens colegas de graduação são – eram cheios de sonhos ambiciosos para o futuro.
>
> Recentemente, esses dois homens retornaram para a faculdade para o 25º encontro.
>
> Eles ainda eram muito parecidos. Ambos estavam felizes casados. Ambos tinham filhos. E os dois acabaram indo trabalhar para a mesma empresa de manufatura após a faculdade, e ainda estavam lá.
>
> Mas havia uma diferença. Um dos homens era gerente de um pequeno departamento da empresa. O outro era o presidente."

Veja, é uma carta fantástica, mas se você tentar usá-la "como está", temos algumas diferenças culturais grandes.

Aqui no Brasil, as pessoas também se encontram depois de vários anos que se formaram, mas não é uma cultura nossa. É muito menos comum do que é lá.

Não surte o mesmo efeito, porque você precisa pensar com quem você está falando. Por exemplo, se está falando com mães solteiras que trabalham, você poderia iniciar sua carta dessa forma:

> "Em mais um dia como aquele que você precisa passar a roupa do seu filho, deixá-lo na escola às 7h, na folga do almoço levá-lo ao médico, e ainda precisa encontrar tempo para fazer a janta, e pegá-lo exatamente às 18h – antes que a escolinha feche, você encontra uma outra mãe na mesma situação enquanto espera no consultório médico.
>
> Com uma conversa informal você percebe que vocês são muito parecidas. Mães, solteiras, com seus trabalhos e agenda corrida.
>
> Mas havia uma diferença. Você está estressada, preocupada com as contas, com a agenda, e mal consegue dormir à noite. Ela estava calma – e tinha acabado de fechar um negócio milionário para sua 3ª empresa."

Uma carta de vendas 100% original. Inspirada pela carta do Wall Street.

Você pode usar o material que encontra aqui de duas formas: a primeira é ler e reler todos os materiais que você encontrar aqui, e usar as estratégias e referências sempre que precisar; a segunda é incorporar esse conhecimento dentro de você.

Se você está disposto a se tornar um copywriter, um dos seus melhores exercícios é copiar cartas de vendas à mão. Todos os copywriters de elite mundial recomendam isso. Quanto mais você se envolve ao aprender algo, mais você incorpora isso dentro de você. Ao copiar as cartas de vendas à mão, e enquanto fizer isso também falar cada uma das palavras copiadas, seu cérebro armazenará de forma muito mais profunda. Você conseguirá acessar muito mais rápido em sua memória todas essas referências. E com o tempo, pode conseguir criar cartas de vendas quase perfeitas até de improviso.

Há um preço para tudo isso.

Mas lembre-se que apenas uma ideia, uma estratégia que você consiga aplicar em seus negócios, pode gerar frutos milionários.

Em 18 meses gerei mais de R$ 1 milhão em faturamento para meus clientes e, em quatro anos, gerei mais de R$ 4 milhões com minhas campanhas. Diante disso, pelo menos uma vez por ano, separo uma semana para fazer esse trabalho de copiar à mão dezenas de cartas de vendas.

Não posso garantir que você terá o mesmo resultado, mas posso garantir que já vi pessoas que pegaram exatamente essas referências e, em algumas horas de estudo e trabalho, criaram suas próprias cartas de vendas e começaram a vender.

A grande pergunta é:

Que caminho você vai escolher para si mesmo?

Gary Halbert, minha maior inspiração no mundo do copywriting, dizia: "Você sempre encontrará mais respostas através da ação do que pela meditação."

Medito todos os dias, porém meus resultados vêm da ação contínua, mesmo que imperfeita.

E convido você a fazer o mesmo.

Porque o resultado vale a pena.

Aproveite a leitura!

À sua Riqueza e Felicidade!

Gustavo Ferreira

PS: Acesse https://copycon.com.br/bonus-livro-palavras para materiais e dicas exclusivas.

Importante!

Esse é um livro de vendas e escrita persuasiva.

Algumas regras gramaticais são propositalmente ignoradas.

Um Pouco de História

Este livro foi escrito em um momento especial. É uma ação que culmina com uma verdadeira realização pessoal que começou nos últimos anos.

Como citei há pouco, em quatro anos de trabalho como copywriter, gerei mais de R$ 4 milhões de faturamento para clientes de diversos nichos. Motivação, gestão do tempo, fotografia, astrologia, vendas, B2B, medicina, medicina alternativa, saúde do homem e até próteses de silicone; Apesar de hoje meus resultados falarem por mim, nem sempre foi assim.

Quando abri minha primeira empresa de consultoria em projetos de software, passei por companhias de vários portes e segmentos, e havia uma variável comum: a maioria delas não precisava de um sistema melhor. A maioria precisava de processos melhores.

Com toda a experiência que desenvolvi entregando sistemas e corrigindo processos, imaginei que já sabia o que uma empresa precisava para dar certo. Vendo tantas oportunidades surgindo na internet, e tantas pessoas tendo sucesso, também queria aproveitar essa onda.

Junto com um parceiro investi um ano de trabalho, R$ 63 mil do meu próprio bolso, e o resultado não podia ter sido pior. Fiz parte das estatísticas e falimos rapidamente. Estava acabado, perdido e em depressão. Foi então que decidi que era hora de correr atrás dos maiores experts em marketing e negócios do mundo inteiro.

Fui atrás de Robert Kiyosaki, conheci diversos cursos aqui no Brasil, como o Fórmula de Lançamento, Top Afiliado e meu primeiro professor "oficial" de copywriting foi o Rafael Albertoni. Foi o princípio que direcionou a minha busca.

Encontrei Ryan Deiss, Andre Chaperon, Jon Benson, Jay Abraham, Daniel Levis, Ryan Levesque, Roy Furr, Gary Halbert, Brian Kurtz, e vários outros nomes que você provavelmente nunca ouviu falar.

A busca foi árdua, mas o resultado veio.

Toda empresa precisa de vendas. Porém, apenas o uso do copywriting, das Palavras Que Vendem, sem uma visão estratégica do seu negócio, terá poucos resultados. Copywriting dá vida à sua estratégia. São inseparáveis.

Este livro surge exatamente nesse contexto. E seu objetivo é dar a você uma breve introdução do que é o copywriting, e como você pode aplicar isso no seu negócio.

Este livro é para você que faz parte do mundo de negócios de alguma forma, de empresário a profissional autônomo, gerentes e estudantes de marketing. Está recheado de informações que você pode usar como inspiração prática para atrair mais clientes.

E além disso tudo, este livro também é para você que quer se tornar um copywriter. Aqui não há o bê-á-bá detalhado de tudo que você precisa saber. Isso deixarei para outro livro. Mas como indiquei, você encontrará referências de cartas de vendas que venderam milhões e falarei de algumas das estratégias usadas e porque elas funcionaram.

Um dos ativos mais valiosos de todo copywriter é ter uma biblioteca de *swipe*. E se você é empresário, um dos seus ativos mais valiosos também é ter uma biblioteca de *swipe*, de estratégias que funcionam. Um recurso para você buscar inspiração quando estiver escrevendo ou preparando um novo posicionamento.

E este livro é apenas o primeiro passo.

Tenho um trabalho maior que é meu Programa Elite, com estratégias e práticas provadas de E-mail Marketing e como você cria um sistema de vendas poderoso (que fatura de R$ 3,00 a R$ 16,00 por lead).

Também tenho as Cartas de Ouro para Empresários, que são 52 lições nas quais ensino o passo a passo para você construir seu negócio de sucesso.

A passos rápidos.

Essa é minha missão: Ajudar a construir um Brasil mais rico e feliz.

Este livro, o Programa Elite e as Cartas de Ouro, são a minha forma de ajudar você a também construir um Brasil mais rico e feliz, e criar um negócio sólido, lucrativo e escalável.

Somente com pessoas como você, comprometidas realmente com o sucesso, construção de riqueza e valor real para seus clientes, é possível construir o mundo e a vida de paz e prosperidade que sonhamos.

Aproveite a leitura!

O que é Copywriting

Agora que você já entendeu como "cheguei" neste mundo, Vamos ao que interessa.

Afinal, o que é copywriting?

Vou deixar uma coisa bem clara desde agora: copywriting não é vender pela internet.

Gosto de "traduzir" copywriting como **Palavras Que Vendem**.

Hoje sou especialista em vendas através de campanhas de e-mail marketing, mas incluo no trabalho de vários clientes a criação de *scripts* de telefone. Em alguns trabalhos específicos, até estudamos anúncios em rádio e minhas maiores conversões até hoje vieram de comunicações enviadas pelo correio.

Há cerca de 150 anos, um grupo de pesquisadores decidiu estudar porque alguns vendedores vendiam muito mais do que outros. Sim, aqueles vendedores de porta em porta. E o que fizeram foi bem interessante. Eles transcreveram o discurso de vendas dos vendedores mais *tops* e perceberam algo em comum. Tirando todos os "hãs" e "huns", cada um com suas próprias palavras seguia a mesma estrutura de comunicação.

E foi assim que começou o estudo científico da psicologia humana aplicada a vendas.

Durante a história surgiram vários estudos e o conhecimento começou a ser compilado. Os "gatilhos mentais" foram descobertos. As pessoas respondiam praticamente da mesma forma a determinadas palavras e frases.

E foi quando grandes nomes começaram a surgir.

Robert Collier, Eugene Schwarts, David Ogilvy, Claude Hopkins, Gary Halbert.

Materiais riquíssimos – e várias vezes difíceis de entender – surgiram.

No momento que escrevo este livro, o único livro em português que fala sobre o assunto é do Robert Cialdini, *As armas da persuasão*, porém, ele foca na explicação apenas dos gatilhos mentais.

Este é o primeiro livro publicado em português que traz esta visão mais ampla do copywriting e como você pode construir cartas de vendas altamente persuasivas, seja pela internet, seja para negócios "físicos".

Este livro é um guia e uma biblioteca para você consultar quando precisar.

Os meios de comunicação mudaram. As cartas de vendas tradicionais foram "substituídas" por e-mails, vídeos de vendas, chatbots e sempre haverá alguma novidade tecnológica.

Porém, preste atenção nisto: O **fundamento** permanece o mesmo.

Copywriting é a arte da escrita persuasiva para influenciar as pessoas a tomarem uma ação. É o uso das palavras para você vender um produto, vender uma ideia e vender um sonho. Vender o seu sonho!

Você precisa de mais do que apenas um bom produto. Você precisa aprender a entrar na mente do seu cliente para encantá-lo e influenciá-lo a tomar a decisão de dar o próximo passo e comprar a sua solução.

Conhecer este mundo dá um grande poder a você.

Portanto, use esse com responsabilidade e tenha certeza de que você terá grandes resultados.

Marketing e Resposta Direta

Amigo, entenda o seguinte: copywriting é comunicação persuasiva. Você influencia as pessoas positivamente para que elas tomem uma ação.

Que tipo de ação?

Pode ser ligar para você, preencher um cadastro, fazer uma doação, e sim, comprar seu produto ou serviço.

Se você tem uma empresa, ou é profissional autônomo, sabe muito bem que como empresário, você precisa vender, e que todas as empresas precisam de vendas para sobreviver.

Agora você precisa compreender que existem alguns princípios que fazem sua copy, sua comunicação de vendas, altamente eficaz.

O primeiro é o princípio da resposta direta.

Sua comunicação segue uma estrutura que ao final pede uma ação clara e explícita do seu cliente. Este modelo de resposta direta é muito usado em comunicações e cartas de vendas que chegam pelo correio, porém, isso continua funcionando (e muito bem) na internet.

A internet é apenas um canal diferente de comunicação, mas continua sendo um canal como outro qualquer. Você ainda está falando com pessoas. E são pessoas que compram os seus produtos.

Algumas pessoas perguntam: marketing e copywriting são a mesma coisa?

A resposta simples é: não.

Marketing é a estratégia. Copywriting é a técnica de comunicação (geralmente escrita).

Na minha opinião são inseparáveis. Sem uma estratégia bem definida, copywriting não serve para nada. E sem copywriting, a estratégia nunca ganha vida de forma adequada.

Há muitas teorias, e para você se tornar um copywriter nível AAA precisa estudar quase sua vida inteira. Porém, lembre-se do seguinte: mais de 90% das outras empresas não aplica nem marketing, nem copywriting direito. Você pode aplicar agora no seu negócio os princípios que está aprendendo e já estará muitos passos à frente da sua concorrência.

Preste atenção em três conceitos-chave que Dan Kennedy chama de Marketing Magnético:

Mensagem: sem a mensagem correta, sem a oferta correta, você não consegue vender. Você precisa de uma mensagem que se conecte com seu público-alvo;

Mercado: além de ter uma mensagem e oferta bem definidas, você precisa direcionar sua mensagem para o público correto. Você precisa de informações geográficas, mas principalmente, de informações psicológicas do seu público-alvo;

Mídia: além de saber o que vender e para quem vender, você precisa entregar a sua mensagem através do canal correto.

Para você saber mais sobre a mensagem de sua oferta, há um capítulo específico para você criar uma oferta irresistível (veja o anexo do livro).

No próximo capítulo explico como definir o seu avatar, sua persona e encontrar os fatores-chave para criar uma oferta e uma carta de vendas realmente poderosa.

Para encontrar a mídia correta, há uma visão errada atualmente de que só se deve usar mídias online porque são mais baratas. É verdade, porém, para você atingir o estado da arte da sua estratégia de marketing, você precisa unir o mundo online e off-line. Você pode enviar comunicações impressas e fazer o follow-up via e-mail e ficar intercalando essas estratégias.

Independentemente da sua estratégia, você precisa medir suas ações. Sem medir corretamente, você não conseguirá saber o que funciona e o que não funciona.

Se você fizer uma campanha para atrair dez mil leads, quanto você fatura depois de três meses?

Se você envia uma campanha pelo correio com quatro mensagens, qual das quatro gerou o maior número de vendas?

Isso é marketing direto.

Você precisa saber o que está funcionando, quais campanhas dão retorno, e quais não dão retorno.

Algumas pessoas podem dizer que as estratégias e cartas de vendas de marketing direto são pouco criativas, mas nesse mundo, se você não vende, não é criativo o suficiente, de acordo com David Ogilvy, o "pai" da resposta direta como conhecemos hoje.

Essa é a única medida de sucesso.

Veja...

Há outro ponto extremamente importante que você deve prestar atenção (e que pouca gente percebe):

– Pelo menos 90% dos seus clientes não estão prontos para comprar de você <u>agora</u>.

Por isso, em qualquer campanha de marketing que você está fazendo, você precisa desenvolver uma estratégia de acompanhamento. Você não conseguirá todo o potencial de vendas do seu negócio se fizer apenas um único disparo de e-mail ou um único envio de comunicação impressa.

Ou seja, se você quer vender através de uma campanha de marketing: um produto físico, um produto digital, um serviço presencial, ou mesmo online, você precisa montar uma campanha que acompanhe e faça follow-up constante com seu cliente.

Uma campanha pode ser montada assim:

1. Uma campanha enviada pelo correio (ou e-mail);

2. Dez dias depois uma segunda campanha;

3. Dez dias depois uma terceira campanha.

Simples, não é mesmo?

No mundo online isso pode ser feito de forma muito mais arrojada e barata (tenho um funil de vendas no ar com cerca de 120 e-mails enviados ao longo de seis meses). Há várias estratégias de e-mail marketing (que detalho no meu Programa Elite), porém, lembre-se que o fundamento é o mesmo.

Você precisa acompanhar seu cliente, e em média você pode calcular um ciclo de até 18 meses para um "não cliente" comprar de você.

A estrutura geral de uma comunicação de resposta direta é a seguinte:

1. **Headline que destaca um benefício**: há 152 exemplos neste livro.
2. **Destaque o problema do seu cliente**: "você está preocupado com a crise / Está ganhando pouco dinheiro";
3. **Agite o problema**: "você está preso em um trabalho de oito horas que não o satisfaz e recebe menos do que merece.";
4. **Resolva o problema**: descreva um cenário imaginário o mais rico possível de detalhes para seu cliente imaginar e sentir os benefícios do resultado que você oferece. ("Você pode trabalhar duas horas por dia viajando ao redor do mundo.");
5. **Faça uma oferta irresistível**: lembra-se da sua mensagem? Aqui você apresenta a sua oferta para seu cliente. Pode ser tanto uma oferta paga quanto uma "isca" para seu cliente acessar. ("Relatório Exclusivo com 8 Passos para uma Nova Vida de Negócios / Curso Intensivo de 3 Dias por R$ 47,00");
6. **Crie uma chamada para ação**: cadastre-se agora / Peça agora / Baixe agora / Compre Agora.

Vamos falar mais sobre os detalhes dessa comunicação nos próximos capítulos, mas em resumo esta é a fórmula: "Problema, Agite o problema, Solucione o problema".

O que é fundamental na comunicação de resposta direta é: você precisa destacar os benefícios que seu cliente terá com sua oferta e precisa criar uma chamada de ação clara e específica.

Se você construiu uma comunicação persuasiva e sem fricção, pode "mandar" seu cliente tomar a ação que você quer. E este é um erro que muitas empresas cometem. Esquecem de dizer <u>especificamente</u> o que seu cliente deve fazer. Por isso, as campanhas "não funcionam".

Você precisa se basear em modelos testados e provados no mercado.

A fórmula "Problema, Agite o problema, Solucione o problema" é simples e... funciona.

Você pode montar campanhas off-line e pedir para seus prospects acessarem seu site e sua oferta. Esse é um modelo de integração on-off simples e... funciona.

E o modelo de várias mensagens sequenciais (online ou off-line) também é uma fórmula simples e... funciona.

Neste livro você aprenderá alguns conceitos fundamentais para aplicar agora no seu negócio, e terá resultados poderosos quando entrar no mercado.

Exercício: Monte um plano de acompanhamento (follow-up) com seu cliente, online ou off-line

Quantas comunicações você enviará para gerar cada vez mais interesse no seu cliente para que ele compre?

Lembre-se que 15% dos seus prospects comprarão dentro de um período de noventa dias, e 35% em um prazo de 18 meses. O que você fará para atingi-los?

Definição do Seu Avatar: Conheça Seu Público

Antes de falarmos mais sobre as Palavras Que Vendem, precisamos falar sobre um ponto fundamental. Se você acertar nesse ponto, existe uma grande chance de que conseguirá vender muito mais do que você vende hoje.

Vimos no capítulo anterior que você precisa da Mensagem e Oferta corretas, direcionadas para seu Mercado, entregue pelo Canal correto. Você só consegue entregar isso se souber para quem está vendendo.

Fazer isso é conhecido como "definir seu avatar", ou mesmo "pesquisa de mercado".

Dan Kennedy compilou 10 perguntas que você precisa responder para fazer uma boa definição do seu público.

Aqui estão as perguntas do Dan Kennedy e alguns comentários meus logo abaixo.

1. **O que os deixa acordados à noite, com indigestão, olhos abertos olhando o teto?** Há vários níveis de "dor" do seu cliente. Uma dor superficial é o baixo salário. Uma dor mais profunda é não ter dinheiro no fim do mês. Porém, você pode explorar a segurança da família, ou mesmo a segurança de uma aposentadoria. Você precisa encontrar a dor mais profunda possível para saber os ganchos e "gatilhos" que precisa usar na sua comunicação.

2. **Do que eles têm medo?** Veja que essas perguntas existem para você estruturar sua comunicação de forma didática. Se seu cliente fica acordado à noite, ele também sente medo de algo. Esse medo pode estar ligado diretamente à mesma dor ou pode ser algo ainda mais profundo. Por exemplo, a maior dor que você encontrou pode ser a segurança da família e ter o que comer. E o maior medo é ser demitido ou não conseguir crescer

na empresa. Ou um medo ainda mais profundo: ficar sozinho e sem nenhum cuidado quando envelhecer.

3. **Do que e de quem eles sentem raiva?** Há alguma coisa na vida do seu cliente que o incomoda muito e ele sente muita raiva. Pode ser o chefe exigente, o governo corrupto ou as reformas trabalhistas que cortam "benefícios" do trabalhador. Descubra o que mais incomoda seu cliente e você pode trabalhar isso como um grande inimigo que quer prejudicar seu cliente.

4. **Quais são as três maiores frustrações diárias deles?** Imagine seu próprio dia. O que o irrita? Você fica com raiva porque o metrô ou ônibus está sempre lotado? Os preços no mercado não param de subir? Você paga cada vez mais impostos e não vê isso retornar? Pense no seu público e no que você está oferecendo. Se você deixa seu cliente com raiva da situação atual, ele passa a procurar uma solução.

5. **O que está acontecendo ou vai acontecer na vida deles (pessoal e/ou profissional)?** Pense da seguinte forma: se seu cliente continuar fazendo tudo o que sempre fez, o que acontecerá? Ele será demitido? Não terá dinheiro para curtir a aposentadoria? Vai se divorciar? Pinte os dois cenários: o que pode acontecer de ruim e o que pode acontecer de bom se ele mudar agora.

6. **O que eles desejam ardentemente?** Qual o desejo mais profundo do seu público? Novamente, há vários níveis para você explorar. O desejo superficial é "ficar rico" e "ganhar na loteria". Um desejo mais profundo é não se preocupar com o dinheiro (reflita como há diferença entre "ficar rico" e "não se preocupar"). E, se você vai ainda mais fundo, o desejo do seu cliente pode ser ter alguém para ficar ao lado dele quando envelhecer, sem se preocupar com o lado financeiro.

7. **Há alguma forma "normal" de decisão sobre esse público?** Por exemplo, engenheiros são muito analíticos na hora de tomar decisões. Isso não me impede de explorar emoções e desejos como ganhar mais e trabalhar mais rápido para poder ficar

mais com a família. Mas o lado "lógico" e "analítico" da minha carta de vendas precisa ser forte. Mães fazem qualquer coisa por seus filhos. Homens com ejaculação precoce precisam de discrição porque têm vergonha de admitir fraqueza.

8. **Eles têm uma linguagem própria (gírias ou expressões)?** Se seu público é jovem, falar gírias e termos da moda pode fazer grande diferença na sua conexão com eles. Se você fala com fotógrafos, ISO, obturador e diafragma são termos comuns. Se você fala com pessoas que gostam de fotografia, mas não sabem muito sobre o assunto, "ajustar a câmera para tirar uma foto boa" é muito mais chamativo do que "configurar a exposição".

9. **Quem mais no mercado está vendendo algo similar, e como?** Descubra quem são seus concorrentes, o que eles oferecem, suas ofertas, e o que os clientes deles falam nos comentários e grupos que fazem parte. Até mesmo compre os produtos do seu concorrente para descobrir brechas que podem ser exploradas.

10. **Quem mais já tentou vender para esse público e por que não deu certo?** O mercado é superdinâmico e está sempre mudando. Concorrentes entram e saem e todos acertam e erram com frequência. A maior lição aqui é: aprenda com o que não funcionou e repita o que funcionou.

Veja, essas perguntas são importantes para você conhecer seu público e o mercado.

Uma análise da concorrência pode ter dois aspectos. Se todos os seus concorrentes usam o mesmo tipo de comunicação, e todos eles têm sucesso, por que você não pode usar as mesmas palavras?

Entenda que este é um preparo antes de você escrever sua carta de vendas.

Sem conhecer realmente seu cliente, seu avatar, você tem uma grande chance de dar um tiro no pé com sua comunicação de vendas.

A base fundamental do meu trabalho é fazer para meus leads uma única pergunta:

Qual seu maior desafio em <problema>?

Qual seu maior desafio em marketing? Para emagrecer? Para fazer furos na parede da sua casa?

Com as respostas para essas respostas, já consigo identificar as maiores preocupações do meu público.

Se você tem uma lista de e-mails, faça essa pergunta para eles. Você também pode usar grupos no Facebook e até mesmo conversar com amigos e pessoas na rua. Conheça seu público e você encontrará o que eles realmente querem e saberá quais as melhores palavras e ganchos para usar.

Exercício: Responda as 10 perguntas para definição do seu avatar

Se você não conseguir responder todas, é hora de fazer uma pesquisa. Se você tem uma lista de e-mails, pergunte a eles qual o maior desafio que enfrentam, ou mesmo converse com as pessoas na rua.

Você precisa pesquisar!

152 Headlines Altamente Persuasivas

Você já folheou uma revista ou mesmo estava andando na rua e viu uma chamada que prendeu sua atenção?

Esse é o poder de uma headline bem-feita.

Uma headline bem-feita quebra o padrão e gera atenção, curiosidade e desejo em você. O objetivo da headline é fazer com que o leitor leia a próxima linha (que geralmente é um subtítulo). E o subtítulo tem a função de fazer o leitor continuar lendo a próxima linha, e assim por diante.

Porém, tudo começa na headline.

A verdade é que 80% dos seus clientes apenas lerão sua headline e irão direto para o botão de compras. Por isso é fundamental você dominar esta técnica. Os copywriters de nível mundial ficam a maior parte do tempo pensando em como escrever esta chamada. É uma das habilidades mais importantes que você deve desenvolver.

Existem diversas fórmulas para você escrever suas chamadas, porém, aqui trago uma compilação de headlines escritas por alguns dos maiores copywriters do mundo: Gary Halbert, John Carlton, Jay Abraham, Ben Suarez; Fiz uma tradução livre de diversas headlines criadas por eles e as selecionei por um simples motivo: elas já foram testadas no campo de batalha.

Para você aproveitar ao máximo, sugiro o seguinte: pegue alguns cartões 3x5, ou o tamanho que ficar mais confortável para você, e as copie à mão. Mantenha esses cartões sempre por perto quando precisar de inspiração para escrever as suas próprias chamadas.

Você pode usar essas chamadas tanto como títulos de artigos, assuntos de e-mail, chamadas de anúncios (tanto em jornais quanto na internet) e até mesmo como a chamada principal da sua carta de vendas.

Leia com bastante atenção e sempre que precisar escrever uma chamada pense o seguinte: "O que preciso para quebrar o padrão do meu cliente e prender sua atenção?"

1. 38 Maneiras Fáceis e Divertidas Para Ganhar R$ 500,00 no Próximo Final de Semana
2. As Pessoas que Lerem Esse Livro Ficarão com Seu Dinheiro
3. Usar um Advogado Pode Ser Perigoso para Sua Riqueza
4. A Verdade sobre Ficar Rico
5. A Fantástica "Lama Mágica" Usada por um Médico da TV que Não Acredita em Cirurgia Plástica!
6. Possua o Negócio que Você Escolher Sem Investir 1 Centavo
7. O Livro de Quem Pertence a Quem
8. Você Pode Rir das Preocupações Financeiras se Seguir este Simples Plano
9. Você está Pronto para Usar Auto-Hipnose para Fazer a Vida Dar o que Você Quer?
10. Um Pequeno Erro Custou a um Fazendeiro R$ 3.000,00 no Ano
11. Conselho para Esposas Cujos Maridos Não Guardam Dinheiro – Por Uma Esposa
12. Como Fazer uma Fortuna Hoje Começando do Zero!
13. O Segredo para Ser Próspero
14. Seus Empregados Trabalham Tão Devagar Quanto Leem?
15. Ouse Ser Rico
16. Faça Qualquer um Fazer Qualquer Coisa que Você Comande – Somente com Sua Mente!
17. Um Surpreendente Fato sobre Dinheiro
18. Como Descobrir no que Você é Realmente Bom
19. O Segredo dos Strikes no Boliche
20. Você Tem uma Ação "Preocupante" na Bolsa?
21. A Vida de uma Criança Vale R$ 1,00 para Você?

22. Como Encontrar Alguém para Amar
23. Seus Filhos Podem Ler estas Palavras?
24. Você está Muito Ocupado Ganhando a Vida para Fazer Algum Dinheiro?
25. O Segredo para Fazer as Pessoas Gostarem de Você
26. Uma Conversa Franca sobre Ganhar Renda Extra
27. Como Você Faz Crescer R$ 1.000,00 em Alimentos em um Jardim Tão Pequeno?
28. Médicos Provam que 2 em Cada 3 Mulheres Podem Ter uma Pele Mais Bonita em 14 Dias
29. Veja Seu Peso e Medidas Desaparecerem
30. Os Surdos Agora Escutam Sussurros
31. Se Você Lê sobre Música Você Vai Amar Nossa Revista
32. Milhares Têm este Dom Valioso – Mas Nunca Descobrem!
33. Precisa de Mais Dinheiro?
34. O Erro Mais Caro da Sua Vida
35. Eles Nos Chocaram. Eles Nos Ultrajaram. Eles Não Fizeram Nada Errado – Apenas Fizeram Primeiro
36. O que Você Prefere Fazer esta Noite: Assistir Televisão ou Ganhar Dinheiro de Verdade?
37. Gravidez? Quanto Mais Cedo Você Souber, Melhor
38. Como Fazer Dinheiro com Anúncios Display
39. Como Escrever uma Carta de Negócios
40. Três Razões Poderosas Porque Você Deve Vir ao Meu Seminário
41. 161 Novas Maneiras para o Coração de um Homem – Neste Fascinante Livro para Cozinheiros
42. A Criança que Ganhou o Coração de Todos
43. Reduza a Rotatividade do Escritório em 100%
44. 7 Maneiras de Recolher Suas Contas Não Pagas
45. Para a Mulher que é Mais Velha do que Aparenta
46. Você Já Viu um Homem Crescido Chorar?

47. Aonde Você Pode Ir em um Bom Carro Usado
48. Teste Sua Habilidade de Sempre Crescer
49. Vida em Alta Velocidade
50. Uma Transação Pode Fazer Você Independente Pelo Resto de Sua Vida
51. Imagine Trabalhar até as 4 da Manhã – E Amando Cada Minuto!
52. Você Quer Ser um Investigador Legal?
53. Pare de Sonhar e Comece a Fazer Dinheiro
54. Meus Pés Estavam Me Matando... Até que Descobri o Milagre Na Alemanha
55. Engorde Sua Conta Bancária
56. Porque Essas Vitaminas Podem Fazer Você Sentir Mais Energia
57. É Fácil Ganhar Dinheiro Com Suas Fantásticas Habilidades Astrológicas
58. Estamos Procurando Pessoas que Querem Escrever Livros Infantis
59. Como Pagar Menos por Anúncios enquanto Você Ganha Mais Pedidos
60. Não Tente Isso com Nenhuma Outra Copiadora
61. Não Inveje o Encanador – Seja Um!
62. Imagine que Isso Aconteceu no Dia do Seu Casamento!
63. Como Fazer Maravilhas com uma Pequena Terra
64. Para Homens que Querem Deixar o Emprego um Dia
65. Qual Sua Melhor Chance de Ganhar R$ 50.000,00 por Ano Quando Você Estiver nos 30?
66. Jogue Seus Remos Fora!
67. Como Dar Mais Ferro para Seus Filhos – Com Essas 3 Maneiras Deliciosas
68. Livro Gratuito Revela a Você 12 Segredos para Cuidar Melhor do Gramado
69. De Quem é a Culpa Quando Crianças Desobedecem?

70. Por que Lâmpadas (da marca X) Iluminam Mais Este Ano?
71. É uma Vergonha VOCÊ Não Fazer Dinheiro – Quando Esses Caras Fazem Isso Tão Fácil
72. Anunciando... a Nova Edição da Enciclopédia que Torna Aprender as Coisas Divertido
73. Não Compre Nenhuma Cadeira... até Você Ver esta Sensação do Show de Negócios
74. Você Já Viu um "Telegrama" do Seu Coração?
75. Novas "Pílulas Energéticas" Testadas por Soldados Têm Resultados Fantásticos
76. Nova Pílula Traz Alívio Quase Imediato para Dor de Atrite!
77. O Fantástico Segredo de um Gênio do Marketing que Tem Medo de Voar
78. Fale Espanhol como um Diplomata
79. Uma Conversa Franca sobre Vitaminas e Sua Vida Sexual
80. Como Superar a Química Corporal que Deixa Você Gordo!
81. Você Só Pode Ir até Certo Ponto com Besteiras
82. Você Consegue Passar este Teste de Memória?
83. Como Fazer Fechamentos Matadores
84. O Segredo para Ensinar Música para Você Mesmo
85. Uma Carta Aberta para Todas as Pessoas Acima do Peso em (região, ex: São Paulo)
86. Como Queimar Gordura Corporal Rápido, Hora a Hora
87. Como os Experts Compram e Vendem Ouro e Prata
88. Como Descobrir a Fortuna que Existe Escondida na Sua Cabeça
89. Como Vencer os Bancos em Seus Jogos
90. Você Quer Realmente Ficar Rico?
91. Cientistas Descobrem Química Misteriosa que Parece Levar as Mulheres à Loucura!
92. Quais desses 5 Problemas de Pele Você Quer Eliminar?

93. O Governo lhe Deve Dinheiro que Você Nem Sabe?
94. Fonte da Juventude Descoberta Por uma Pequena Civilização Há 2.300 Anos
95. Como Escrever Copy que Deixará Você Rico
96. Nova Dieta Queima Mais Gordura do que Se Você Correr 98 Quilômetros por Semana
97. Como Acordar o Gênio Financeiro Dentro de Você
98. Os Segredos Chineses do Controle de Peso
99. Você Não Pode Enriquecer no Bolso até Enriquecer na Sua Mente!
100. Você Comete esses Erros em Inglês?
101. Aqui está Como Você Descobre se Seu Banco está para Falir!
102. Quer Economizar? Uma Carta Aberta a Todos que Dirigem Caminhões ou Carros Mais do que 10 mil Quilômetros por Ano
103. Você Não Precisa Morrer para Usar Seu Seguro de Vida
104. Como Seu Horóscopo Pode Trazer Riqueza, Amor, Sucesso e Felicidade
105. Por que Algumas Comidas "Explodem" no Seu Estômago
106. O Crime que Cometemos Contra Nosso Estômago
107. Para Pessoas que Querem Escrever – Mas Não Conseguem Começar
108. Como Melhorar Sua Memória
109. Você é um Grande Não Realizador?
110. As "10 Maneiras Mais Rápidas" de Conseguir Novos Clientes
111. Uma Ideia Extraordinária para Aqueles que Querem Aparecer em Filmes
112. Como Você Pode Fazer Dinheiro com os Árabes
113. Aqui está uma Maneira Rápida de Curar um Resfriado
114. Quando Médicos Se "Sentem Mal" é isso que Fazem
115. Kit Gratuito Revela Como Tirar Melhores Fotografias
116. O Segredo da Boa Sorte

117. Como Ficar Rico Lendo Classificados
118. Você Tem esses Sintomas de Exaustão Nervosa?
119. A Revista Mais Cara do Mundo. Ainda Assim, 40 mil Homens de Negócios a Compram Todo Mês. Por Quê?
120. Um Negócio Fantástico que Você Pode Carregar no Bolso
121. Como Pagar Zero Impostos!
122. Como Criar um Hit e Vender
123. Pense e Enriqueça
124. A Verdade Cruel Sobre Seu Novo Carro
125. Se Você Não Lê Mais Nada – Leia isto
126. Confissões de um Advogado Expulso
127. O que Há de Errado com essa Imagem?
128. Como uma Nova Descoberta Transformou uma Menina "Seca" em Maravilhosa
129. Imagine Ser um Grande Amante que as Mulheres Podem Ver nos Seus Olhos
130. Como Cuidar e Treinar Seu Filhote
131. Você está Cansado do Tratamento que está Recebendo?
132. Como Ganhar Amigos e Influenciar Pessoas
133. Como Empurrar Seu Currículo para o Topo da Lista
134. Os 5 Erros Mais Caros em Negócios – Quantos Você está Cometendo Agora?
135. O Segredo para Fazer as Pessoas Gostarem de Você
136. Pequenos Vazamentos que Deixam Você Pobre
137. 7 Passos para a Liberdade
138. A Empregada de R$ 12.000,00
139. Geralmente Madrinha, Nunca a Noiva
140. Seus Filhos o Deixam Sem Jeito?
141. Finalmente Liberado – 137 Maneiras Completamente Legais de Pegar Seu Pagamento do Governo
142. Nova Ajuda para Cabelos Não Tão Perfeitos

143. 17 Ações que Você Deve Largar Agora
144. Como Fiz uma Fortuna com uma "Ideia Idiota"
145. A Arte de Vender pelo Telefone
146. Segredos Bancários que Bancos Não Querem Publicados
147. O Caminho do Homem Preguiçoso para a Riqueza
148. Como Você Pode Comer Mais e Pesar Menos
149. Seis Tipos de Investidores – Em Qual Grupo Você Está?
150. Emagreça Enquanto Dorme
151. Lucros que Estão Escondidas na Sua Fazenda
152. Como a Forma Que Você Tira a Roupa Revela sobre Sua Personalidade

Admita, foi divertido ler essas headlines, não foi?

E provavelmente você já começou a montar as headlines dos seus próprios produtos e serviços, certo?

Você pode usar headlines para anúncios (Facebook, Google, etc.), *landing pages*, cartas de vendas, títulos de artigos, gancho para e-mails, folders, banners...

São o seu gancho.

Os elementos "obrigatórios" das headlines são:
- Ser específico na promessa;
- Entregar um ou mais benefícios;
- Retirar objeções.

E os elementos "desejáveis" são:
- Construir prova e/ou autoridade;
- Mostrar prova social.

Observe as headlines anteriores e procure por esses elementos. Alguns deles estão mais visíveis e fáceis de identificar, outros estão um pouco mais discretos.

A mágica é que quando você combina esses elementos eles geram uma curiosidade tão forte que quebram o padrão do leitor, que começa a ver o que você tem a oferecer.

A headline geralmente é responsável por 50% do poder de conversão de uma carta de vendas, ou seja, você deve dedicar atenção e energia a isso. Muitas vezes quando uma campanha não está convertendo, o primeiro "Teste AB" que faço é na headline, seja em uma página de captura, seja em uma página de vendas.

Para deixar esse processo mais claro, vou mostrar um "passo a passo" que você pode seguir para transformar uma headline "ok", em uma headline poderosa.

1. Tenha em mente o OBJETIVO da headline.

Se o objetivo é "capturar um lead", ou seja, pedir que o potencial cliente deixe seus dados de contato (como nome, e-mail e telefone), o foco dessa headline pode ser a curiosidade.

Por exemplo:

> Descubra Dicas e Segredos Exclusivos para Você Criar Sua Pequena Horta – Mesmo na Sua Casa ou Apartamento
>
> O Segredo #1 para Você Montar Sua Horta – Mesmo se Você Mora em um Apartamento Minúsculo
>
> Finalmente! Agora Você Pode Ter a Sua Horta na Sua Própria Casa – e Viver do que Você Planta!

Esses são exemplos de headlines que ativam a curiosidade e você pode usar essas ideias tanto para títulos de artigos (como *native ads*, anúncios nativos: anúncios que são "disfarçados" com texto), como o título direto de suas páginas de captura.

Agora, um outro exemplo. Se a sua headline é focada em pessoas que já estão avaliando diretamente a sua solução (ou seja, estão quase prontas para comprar), a headline é mais focada em benefícios imediatos.

Por exemplo:

> Descubra 32 Técnicas e Estratégias PROVADAS de Negócios e o Uso Prático dos Gatilhos Mentais: Como Você Controla a Mente do Seu Cliente, Motiva, Influencia e Vende
>
> Descubra o Segredo da carta de vendas que em 25 Anos Faturou US$ 1 bilhão e Como Você Pode Entrar na Mente dos Maiores Copywriters do Mundo Agora
>
> Empresário Revela: Como VOCÊ Pode Crescer do 0 a 42% de Faturamento Online em 6 Meses SOMENTE com Tráfego Orgânico com uma Simples Estratégia que Gera +240 Oportunidades por Mês
>
> Revelados TODOS os Segredos do E-mail Marketing para Você Faturar de R$ 3,00 a R$ 16,00 por Lead em até 90 Dias Com um Sistema Testado e Provado

Veja que essas últimas headlines são totalmente diferentes das primeiras. Isso porque quem está buscando "livros sobre copywriting", gatilhos mentais ou curso de e-mail marketing, já está pronto para comprar. Por isso as páginas de vendas onde essas headlines estão hoje possuem conversão de quase 30%, dependendo do "ponto" que o cliente está.

O que nos leva a um conceito importante que vamos abordar no próximo item:

2. Descubra o nível de consciência do seu cliente e a maturidade do seu mercado.

Com o passar dos anos, cada vez mais os mercados irão amadurecer. Porém, em todos os mercados, apenas 5% das pessoas estão prontas para comprar "agora". Porque elas já estão conscientes que existe um "problema" urgente na vida delas que precisa ser resolvido agora.

A maioria das comunicações das empresas são focadas apenas nesse "nicho" de 5% de pessoas prontas. São aquelas que se você oferecer "massagem", "curso", ou qualquer outro produto e serviço, elas vão comprar. As demais, ainda estão pensando e decidindo o que é melhor para elas (como quando você entra em uma loja e diz que está apenas dando uma olhadinha).

O "pulo do gato" quando você trabalha um negócio sólido de verdade é criar uma comunicação que trabalhe os diversos níveis de consciência do seu cliente.

Por exemplo:

Para você estar com este livro em mãos, você poderia estar navegando na internet ou andando em uma livraria, viu a capa do livro, achou interessante e comprou. Você faz parte dos 5% "prontos" para comprar e, por algum motivo, "vendas" é algo que interessa você (que provavelmente quer aumentar as vendas da sua empresa).

Agora, se você não está com um problema urgente, talvez eu precisasse construir uma comunicação como a seguinte:

> Descubra como Algumas Pessoas São Capazes de Controlar a Sua Mente – Sem Você Perceber

Você percebe que é uma chamada mais "alto nível" e "distante" da solução final que é esse livro? Na verdade, para ser mais eficaz pensando na sua comunicação completa, ela teria que ter alguns ajustes, por exemplo:

> Descubra como Algumas Pessoas São Capazes de Controlar a Sua Mente para Você Comprar o que Elas Querem – Sem Você Perceber...
> E Como Você Pode Fazer o Mesmo a Partir de Hoje

Pronto!

Com uma pequena modificação, transformei uma chamada genérica em um ótimo gancho para atrair pessoas até aqui. Na verdade, pode até ser que você esteja aqui agora por causa de uma chamada parecida com essa.

Quando você leva em consideração a consciência do seu potencial cliente, precisa adaptar sua comunicação. Quanto "mais longe" do ponto de compra, maior o tempo que você precisa investir na construção da sua comunicação.

O que você deve considerar como "consciência":

1. **Não consciente do problema:** são pessoas que nem fazem ideia que existe um problema em suas vidas.

Por exemplo, dores nas costas podem indicar problemas graves nos quadris, mas se você nunca ouviu falar disso ou se acostumou com a dor, não vai atrás de uma solução.

Uma chamada que pode funcionar bem nesse exemplo é:

> Por que Algumas Pessoas estão Simplesmente PARANDO de Andar Repentinamente?

Lembre-se: é uma comunicação ainda extremamente distante do produto ou serviço, mas precisamos acertar em cheio para atrair o máximo de pessoas.

Nos Estados Unidos, houve uma mensagem de vendas chamada "O Fim da América", e aqui no Brasil foi adaptada pela Empiricus com "O Fim do Brasil".

A própria carta do Wall Street Journal também pode ser considerada uma carta para pessoas não conscientes do problema em suas vidas.

Esses são exemplos de comunicação para pessoas que provavelmente ainda não fazem ideia que realmente têm um problema.

2. Consciente do problema: no exemplo da dor nas costas, uma headline mais direcionada pode ser como a seguinte:

> Se Você Sofre com Dores nas Costas, Você Precisa Prestar Atenção a esses 3 Sinais AGORA – ou você pode parar de andar em poucos meses

Perceba como é uma transição sutil entre os níveis de consciência, e não há uma linha exata que separa os níveis.

Porém, acredito que você já esteja entendendo.

3. Consciente das Soluções: seguindo no mesmo exemplo, nese ponto o seu cliente já está consciente que existe um problema "dor nas costas" e que há diversas soluções no mercado.

Então uma chamada pode ser algo como:

> As 3 Principais Técnicas que Eliminam (de verdade!) Dores nas Costas

Você poderia apresentar como soluções RPG, Pilates e Quiropraxia (nesse exemplo, vamos imaginar que esse é o produto final).

Lembre-se que você precisa invalidar as demais soluções, mantendo sempre o respeito.

RPG e Pilates são ótimos, porém, Quiropraxia traz alívio imediato e pode resolver dores crônicas em menos de um mês.

4. Consciente do Produto: aqui voltamos para os exemplos iniciais.

Quem já sabe que Quiropraxia é uma solução para dor nas costas, uma headline eficaz pode ser assim:

> Resolva Seu Problema de Dor nas Costas com essa Técnica Exclusiva de Quiropraxia Americana

Agora você deve estar pensando:

Qual o "melhor" nível de consciência para atuar?

Minha recomendação é:

Comece pelo nível MAIS consciente.

Porque assim que você encontra uma mensagem certeira para quem está "pronto" para comprar, você consegue testar comunicações que vão atingir seu público em outros níveis.

Sempre sugiro um passo de cada vez.

Você atinge 5% do mercado com pessoas prontas para comprar e isso garante o seu faturamento.

Você mesmo pode desenvolver sua comunicação para outros níveis de consciência, mas quanto mais "distante", mais arrojada precisa ser a sua comunicação, e aí entra o trabalho de especialistas no seu desenvolvimento.

Agora, para fechar o tema headline, aqui está novamente um rápido checklist que você pode usar sempre que construir suas chamadas:

1. Use uma janela de tempo (2 semanas, 1 mês, 15 dias);

2. Retire objeções (Faça <x>, mesmo se <y>, exemplo: Tenha uma horta, mesmo se você não tem espaço);

3. Use a palavra "Você"

4. Adicione prova social (milhares de mulheres);

5. Use números específicos (32%, 328 pessoas, 420 gramas).

Exercício: Monte pelo menos 3 headlines diferentes para seu produto ou serviço baseado neste capítulo.

Lembre-se de ser específico e reforçar o grande benefício que seu cliente terá ao prestar atenção no que você tem a dizer.

Bônus:
+67 Headlines Altamente Persuasivas

E agora como um último presente, aqui estão mais 67 headlines dos maiores copywriters do mundo para você estudar e analisar:

153. Você Consegue Falar Sobre Livros com as Outras Pessoas?
154. Seguro de Carro por Custo Baixo – Se Você É um Motorista Cuidadoso
155. Não Compre Nenhuma Mesa até Ver essa Nova Sensação nas Empresas
156. Você Fica com Vergonha dos Cheiros na sua Casa?
157. Gratuito para Professores – R$ 6,00 para Outros
158. Quem Mais Quer um Bolo mais Leve – E Feito na Metade do Tempo?
159. Como um Acidente Estranho me Salvou de Ficar Careca
160. Como um "Pequeno Truque" me Fez um Vendedor Superstar
161. Você Consegue Perceber esses 10 Pecados de Decoração?
162. Eles Riram quando o Garçom Falou Comigo em Francês – Mas Eles Pararam Imediatamente com minha Resposta
163. Por que esse Médico Receita Cerveja Schlitz para seus Pacientes
164. Meus Dólares contra suas Dúvidas
165. Eu Disse que Ele Poderia Ter mais Dez Anos de Vida – E Ele Riu de Mim
166. Em Qual Idade um Homem Envelhece?
167. Você Encara os Fatos – Ou se Esquiva?
168. Estava um Pouco Preocupado Comigo...
169. Será que esse Foi o Primeiro Ser Humano?
170. Dei um Pequeno Sorriso Quando o Mordomo Falou com meu Amigo em Francês... Mas Engasguei de Surpresa quando Ele Respondeu

171. Aprenda Francês em Casa como Se Você Estivesse na Europa
172. Nunca Vá para a França a Não Ser que Você Conheça a Língua
173. Ria Se Você Quiser – Mas Aprendi Música sem um Professor
171. Agora Sozinho Nunca Mais! Desde que Descobri essa Forma Rápida de Tocar Piano – Sem um Professor
175. Foi Muito Divertido Aprender a Tocar Piano em 90 Dias
176. Duas Vezes Mais Fácil Virar um Músico Popular com esse Simples Método de Estudo Caseiro
177. Muito Velho para Aprender Música?
178. 18 Razões porque Merryl Linch É Qualificado de Forma Incomum para Ser seu Centro de Informações de Investimento
179. Como Viajar pelos EUA por 35 Libras por Semana
180. Confissões de um Leitor de Revistas
181. Agora Porto Rico Oferece Isenção de 100% de Impostos para Novas Indústrias
182. Como Criar Anúncios Financeiros que Vendem
183. Como Rodar uma Agência de Publicidade
184. Novo Cosmético Milagroso Restaura o Visual Jovem para sua Pele e Suaviza Contornos Faciais
185. Agora Helena Rubinstein Oferece uma Solução para 20 Problemas de Beleza
186. Como Contratar Pessoas sem Cometer Erros
187. Como Acelerar a Resposta do seu Seguro quando o Estão Enrolando
188. Clientes Pagam mais Rápido se uma Frase Mágica É Adicionada na Fatura
189. Ler as Informações Internas da Boardroom É como Ter um Parente dentro da Irs (e dentro do seu Banco, e dentro da Melhor Casa de Investimentos, e dentro da sua Companhia de Seguros). Descubra o Porquê
190. Gratuito: Como Mandar a sua Pança Embora
191. Queime as Doenças para Fora do seu Corpo

192. Dê Descarga na Gordura das Suas Artérias
193. Não Pague um Centavo Por esse Livro até que Ele DOBRE Seu Poder de Aprendizado
194. Não Pague um Centavo Até esse Curso Transformar Sua Cabeça em uma MENTE MAGNÉTICA
195. Como Dar ao Seu Filho as Notas Máximas na Escola que Ele Merece
196. Garantido que Isso Vai Melhorar as Notas do Seu Filho na Escola – ou você não paga
197. Médicos na Suécia dizem que HÁ Cura para Artrite
198. Como Permanecer Jovem até os 90
199. Como Eliminar Rugas do Seu Rosto
200. Quebre Todas as Regras e Ganhe um Corpo de 35 anos, mesmo aos 50-60-70 ou mais!
201. Como Se Defender Contra os PARASITAS HUMANOS que Querem Controlar Sua Vida
202. Três Palavras desse Livro Salvaram o Braço desse Homem – e sua Vida!
203. Jogue Seu Travesseiro Fora
204. Seus Olhos Podem se Curar – assim que você aprende a relaxá-los
205. Um Dia com esse Homem Pode Tornar Você Rico
206. Uma Renda Automática para Vida de R$ 20.000,00, R$ 50.000,00, R$ 100.000,00 por ano... Sem Trabalhar... de um Negócio que Anda Sozinho!
207. Você Consegue Perceber 6 Erros Fatais Nesse Cheque?
208. Novo Seminário de 4 Horas Patrocinado pela Escola de Milionários de Key West Revela 11 Segredos Fantásticos que Podem Gerar Lucros Enormes em Qualquer Negócio na Flórida... Mesmo com a Próxima Recessão
209. Uma Carta Aberta a Todo Homem e Mulher na América que Quer ter um Sexo Melhor Sem Sentir Culpa

210. Homem de Mississipi Descobre Fitas Perdidas Gravadas por Elvis Presley Antes de Se Tornar Famoso
211. O Incrível Segredo de Fluxo de Caixa de um Nerd Desesperado de Ohio
212. Finalmente! China Revela seu Segredo de 1.300 Anos para Ficar Jovem (mais Fantástico que Acupuntura?)
213. Como Proteger seu Dinheiro de ser ASSASSINADO
214. Como Fazer Dinheiro Com Seus Cartões de Crédito
215. Novo Relatório do Melhor Copywriter do Mundo Revela 10 Segredos Incríveis
216. R$ 100 milhões Desperdiçados em Anúncios que Nunca Se Pagam
217. Publicidade como um Investimento
218. De onde vêm os Bebês
219. Você Nunca Sabe Quem Está Vendo... ou Escutando...

12 Cartas de Vendas Multimilionárias

Você sabia que alguns copywriters (os de nível mundial) são pagos com até US$ 100 mil por uma única carta de vendas? E que Gary Halbert foi o copywriter mais bem pago até hoje (que eu saiba), por receber US$ 5 milhões para fazer um único trabalho?

Existe um motivo para isso...

Os copywriters que têm a habilidade de redigir essas cartas geram milhões de faturamento com o que escrevem.

Uma das cartas de vendas que transcrevo neste livro circulou no mercado por 25 anos, e estima-se que apenas ela vendeu, sozinha, mais de US$ 1 bilhão.

Se você é um copywriter mediano, você consegue superar 1 em cada 4 controles (cartas que já têm sucesso comprovado). Se você é um copywriter top, você consegue superar 1 em cada 2 controles.

É fácil conseguir isso? Não.

Exige meses e anos de estudo e prática até você conseguir realmente escrever cartas de vendas nesse nível. A boa notícia é que existem algumas técnicas simples que você pode usar e já conseguirá rapidamente superar uma quantidade enorme de cartas de vendas que existem no mercado.

Minha proposta com cada uma dessas 7 Cartas de Vendas é trazer para você algumas cartas "arrasa quarteirões".

Farei algumas observações para você prestar atenção enquanto estiver lendo. E faço de novo a mesma sugestão: Escreva cada uma dessas cartas à mão, quantas vezes puder. Você começará a entender e a "incorporar no seu DNA" as estruturas dessas cartas de vendas e com o tempo conseguirá criar cartas de vendas de improviso.

Selecionei algumas cartas mais curtas, porém, as estratégias por trás delas são poderosíssimas.

Se você quer realmente ser um copywriter nível AAA ou se precisa aprender a escrever cartas de vendas para seu negócio, esta é mais uma oportunidade de, literalmente, aprender com os maiores do mundo.

Brasão de Família
– Coat-of-Arms –
Gary Halbert

Esta carta é um clássico.

Foi ela que deu início à "lenda" de Gary Halbert, considerado por muitos como o maior copywriter que o mundo já conheceu. Ele levou um ano e meio para escrever esta carta e ela foi enviada pelo correio aproximadamente 100 milhões de vezes.

Gary Halbert queria vender brasões de família com um relatório personalizado por US$ 2,00. Na primeira campanha que ele testou, havia vários brasões coloridos para os clientes verem e escolher qual queriam, como um catálogo de roupas.

O resultado foi próximo a zero em vendas.

Em uma segunda campanha, ele enviou três brasões para os clientes escolherem qual queriam, e pelo menos dessa vez, cobriu os custos.

Finalmente ele decidiu mudar completamente a forma de vender os brasões. Ao invés de ser uma empresa enviando um mostruário com várias opções, ele enviou uma carta pessoal, com um relatório personalizado e específico. Resultado: é uma das cartas de vendas mais estudadas até hoje.

Preste atenção em como a linguagem dessa carta conecta rapidamente com o avatar. Ela é personalizada, escrita na voz da esposa dele. Os elementos-chave são: <u>pessoalidade</u> na voz certa (a esposa), <u>especificidade</u> (o brasão em um relatório) e <u>escassez</u> (estoque limitado).

Leia a carta e decida por si a genialidade dela. Tentei manter o texto o mais fiel possível na tradução.

A estratégia da carta é:

Uma mensagem altamente pessoal enviada pelo correio pedindo uma resposta direta e urgente. Outro ponto fundamental é: a voz da carta é feminina (da esposa dele).

Se fosse a voz dele, possivelmente não teria o mesmo impacto. E esse é um fator subestimado nas cartas e vídeos de vendas. Se você escrever na voz errada, suas vendas podem literalmente afundar.

Principais lições dessa carta:

- Crie uma mensagem que pareça o mais pessoal possível;
- Antes dessa carta, Gary Halbert escreveu quatro versões diferentes. Essa, que teve o melhor resultado, vendeu apenas UM produto, para UMA família. Mas fez isso milhões de vezes;
- Preste atenção à "voz" correta da sua carta. É como uma música. Se você cantar no tom errado, a música ficará estranha.

5687 Ira Road
Bath, Ohio, 44210
Phone: 1-22222222

Caro Sr. MacDonald,

Você sabia que o nome da sua família foi gravado em brasão em antigos registros heráldicos há mais de sete séculos?

Meu marido e eu descobrimos isso enquanto fazíamos uma pesquisa para alguns amigos que têm o mesmo sobrenome que você. Nós pedimos para um artista recriar esse brasão exatamente como descrito nos registros antigos. Esse desenho, com outras informações sobre o nome, foi impresso em um belo relatório de uma página.

A metade inferior do relatório conta a história da antiga e distinta família de nome MacDonald. Ele conta o significado do nome, sua origem, o lema original da família, seu lugar na história e sobre pessoas famosas que também têm o mesmo nome. A metade superior tem uma grande e bela reprodução do brasão de um artista dos tempos mais remotos da família de nome MacDonald. O relatório completo é documentado, autêntico e impresso em pergaminho próprio para moldura.

O relatório agradou tanto nossos amigos que nós fizemos algumas cópias extras para compartilhar essa informação com outras pessoas de mesmo nome.

Emoldurados, esses relatórios se tornam uma ótima decoração de parede e são ótimos presentes para parentes. Devo lembrar que nós não rastreamos o nome individual de nenhuma família, mas pesquisamos por vários séculos até encontrar os registros mais antigos de pessoas com o nome MacDonald.

Tudo que estamos pedindo por eles é o suficiente para cobrir as despesas adicionais de ter essas cópias extras impressas e enviadas (veja abaixo). Se você está interessado, por favor nos avise agora porque nosso estoque é bem pequeno. Apenas verifique se temos seu nome e endereço corretos e envie a quantidade correta em dinheiro ou cheque para o número de relatórios que você quer. Nós lhe enviaremos rapidamente pelo correio.

Sinceramente,

Nancy Halbert

PS: Se você está pedindo apenas um relatório, envie US$ 2,00. Relatórios extras pedidos juntos e enviados para o mesmo endereço são US$ 1,00 cada. Por favor, faça cheques nominais para mim, Nancy Halbert.

Wall Street Journal – Martin Conroy

Essa carta foi escrita em 1974 por Martin Conroy e circulou por mais de 25 anos.

Durante este tempo, essa carta gerou mais de US$ 1 bilhão de faturamento em assinaturas para o The Wall Street Journal e é considerada uma das cartas mais bem-sucedidas da história.

Escrever uma carta de vendas similar a essa tem uma grande chance de bater muitos controles no mercado. Porém, a sutileza na conexão entre o presente e o futuro com a venda da assinatura foram fundamentais no sucesso dela.

Já mencionei em meu site como montar uma oferta irresistível (anexo no final deste livro), e o que essa carta fez foi exatamente isso: uma oferta irresistível para você assinar o jornal.

Observe os elementos de especificidade, prova e prova social.

Outro fator fundamental é o que chamamos de "imaginar o futuro".

Esta carta, na minha opinião, é genial porque ela faz você imaginar o futuro contando uma história. E no final traz para você, no momento presente, a responsabilidade por construir o futuro que você acabou de imaginar.

As histórias têm um poder enorme para realizar vendas. Você precisa contar histórias relevantes para seu público. Crie o "ambiente" na mente do seu cliente, faça-o sentir (ou desejar) ser o presidente da empresa. Com histórias bem contadas você consegue fazer a transição quase imperceptível para sua oferta.

Perceba como a história começa e não termina (isso é o que chamamos de "loop aberto"). E como a oferta se torna ainda mais irresistível porque pode sair de graça abatendo impostos.

Leia agora a carta e veja a sua genialidade.

Principais lições dessa carta:

- Procure sempre trazer os elementos de "prova" e "prova social" nas suas comunicações;
- Crie um contraste entre situações ("como estou agora", "como estarei depois")
- Uma oferta irresistível é fundamental para o sucesso de uma campanha – assim como uma boa história.

The Wall Street Journal

Caro Leitor,

Em uma bela tarde de primavera, 25 anos atrás, dois jovens se formaram na mesma escola. Esses jovens eram muito parecidos. Os dois foram estudantes melhores que a média, ambos eram bem apessoados e os dois – como jovens colegas de graduação são – eram cheios de sonhos ambiciosos para o futuro.

Recentemente, esses dois homens retornaram para a faculdade para o 25º encontro.

Eles ainda eram muito parecidos. Ambos estavam felizes casados. Ambos tinham filhos. E os dois acabaram indo trabalhar para a mesma empresa de manufatura após a faculdade, e ainda estavam lá.

Mas havia uma diferença. Um dos homens era gerente de um pequeno departamento da empresa. O outro era o presidente.

O Que Fez A Diferença

Você já se perguntou, como eu já me perguntei, o que faz esse tipo de diferença na vida das pessoas?

Não é apenas inteligência nata ou talento ou dedicação. Não é que uma pessoa quer mais sucesso e a outra não.

A diferença está no que cada pessoa sabe e como ele ou ela faz uso desse conhecimento.

E esse é o motivo que escrevo para você e para pessoas como você sobre o The Wall Street Journal.

Porque esse é o grande propósito do jornal: dar aos leitores conhecimento – conhecimento que possam usar em negócios.

Uma Publicação Como Nenhuma Outra

Veja, o The Wall Street Journal é uma publicação única. É a única publicação nacional de negócios diária. Todos os dias úteis são montados pela maior equipe de especialistas em notícias de negócios do mundo.

Todo dia útil, as páginas do The Journal incluem um alcance vasto de informação de interesse e relevância para pessoas com mentes de negócio, não importa de onde vieram. *Não apenas ações e finanças*, mas qualquer coisa e tudo ligado ao rápido mundo de negócios... o The Wall Street Journal dá a você todas as notícias de negócios que você precisa – quando você precisa.

Conhecimento É Poder

Agora estou olhando para a primeira página do The Journal , a capa mais lida da América. Ela combina todas as notícias importantes do dia indicando onde as notícias completas estão. Todos os tipos de notícias de negócios estão cobertas. Eu vejo artigos sobre inflação, preços de atacado, preços de carros, incentivos fiscais para desenvolvimento industrial em Washington e outros lugares.

E página após página dentro do The Journal está recheada de informação fascinante e significativa que é útil para você. A sessão de *Mercado* dá a você compreensão de como os consumidores estão pensando e gastando. Como empresas competem por fatias de mercado. Há cobertura diária de legislação, tecnologia, mídia e marketing. E mais notícias diárias dos desafios de gerenciar empresas menores.

O The Journal também é a melhor fonte para notícias e estatísticas sobre seu dinheiro. Na sessão *Dinheiro e Investimento* há gráficos úteis, cotações de mercado fáceis de escanear, e mais "Frente a Frente Com o Mercado", "Falado Na Rua" e "Seu Dinheiro Importa", três das colunas de investimento mais influentes e cuidadosamente lidas da América.

Se você nunca leu o The Wall Street Journal, você não pode imaginar quão útil ele pode ser para você.

Uma Assinatura Econômica

Coloque nossos argumentos à prova pelas próximas 13 semanas por apenas US$ 44,00. Essa é a menor assinatura que oferecemos – e a maneira perfeita para se familiarizar com o The Journal.

Ou você pode aproveitar nossa *melhor compra* – um ano por US$ 149,00. Você economiza US$ 40,00 do preço de face do The Journal.

Apenas preencha o cartão de pedido junto dessa carta e mande pelo envelope de postagem que enviamos.

E aqui está a garantia do The Journal: se o The Journal não corresponder com sua expectativa, você pode cancelar este compromisso a qualquer tempo e receber o reembolso pela parte ainda não entregue da sua assinatura.

Se você sente como nós que esta é uma proposta justa e razoável, então você quer descobrir sem perda de tempo se o The Wall Street Journal pode fazer por você o que está fazendo para milhões de leitores. Então, por favor, envie o cartão incluso agora, e nós começaremos a servi-lo imediatamente.

Sobre aqueles dois colegas de faculdade que mencionei no começo dessa carta: eles se formaram juntos e juntos começaram no mundo dos negócios. Então o que fez a *vida* de negócios deles diferentes?

Conhecimento. Conhecimento útil. E sua aplicação.

Um Investimento No Sucesso

Não posso prometer que o sucesso vai ser seu instantaneamente se você começar a ler o The Wall Street Journal. Mas posso garantir que você achará o The Journal sempre interessante, sempre confiável e sempre útil.

Sinceramente,

Editor

PS: É importante avisar que a sua assinatura do The Journal pode descontar de impostos. Pergunte a seu contador.

Rolls Royce usados – Gary Halbert

Essa carta é uma das minhas preferidas do Gary Halbert porque ela vende algo que muitos pensam ser difícil.

Quando foi veiculada, o dono dos Rolls Royce não conseguia dar conta de atender telefonemas, nem de encontrar tantos Rolls Royce para vender!

Várias vezes alguns clientes ligavam para o Gary "reclamando" porque não conseguiam atender tantos clientes. E recebiam como resposta: *"Esse é o tipo de problema que crio, não o tipo de problema que resolvo."*

O poder de uma carta de vendas bem escrita é realmente fantástico.

Observe que junto dessa carta foi enviada uma foto de um Rolls Royce. É impossível ser mais específico do que isso para o cliente saber o que está comprando.

E este movimento ativou duas coisas: **escassez** (poucos carros) e o **desejo** de ter (literalmente) o carro que estavam segurando nas mãos por uma condição única.

Outro detalhe sutil e importante (que está no último "PS"), é que a "razão misteriosa" para o baixo preço do carro é que eram carros com o volante do lado direito. Eram carros importados da Inglaterra, por isso só poderia ser falado por telefone.

E, por último, se você tem um vendedor bem treinado para falar com seu cliente pelo telefone, seu índice de vendas pode até mesmo chegar a 100% das ligações, dependendo do seu produto.

Principais lições dessa carta:

- Lembre-se de ser extremamente claro na sua oferta e do que você está oferecendo (por isso vídeos demonstrativos de produtos são tão eficazes);

- Crie uma aura de mistério e curiosidade sobre sua oferta quando possível, para fazer seu cliente ter o ímpeto de entrar em contato com você apenas para "descobrir" o mistério (e lembre-se como a integração entre mídias online e off-line são poderosas).

Caro Amigo,

Por favor, olhe a fotografia que estou mandando junto desta carta.

O que você está vendo é uma foto de um Rolls Royce Prata que posso vender para você tão barato que você vai achar difícil acreditar!

Por que este carro é tão barato? Na verdade, há três razões e cada uma delas é muito importante: Primeiro, eu não sou um "vendedor de carros usados" usual. Não. O que me especializo é em absolutamente nada mais que Rolls Royces de segunda mão e desenvolvi uma maneira fácil de ter esses carros pelo país por um preço tão baixo que você vai perder o fôlego!

Segundo, se você desejar, eu consegui uma maneira de financiar carros por um período de quatro a cinco anos por uma taxa de juros bem interessante.

E terceiro, eu não sou tão ganancioso. Isso é importante. Veja, muitas pessoas no negócio de carros estão nele apenas pelo dinheiro, mas isso não é verdade para mim. E, vale citar, não é verdade para ninguém que realmente ama Rolls Royces.

Um Rolls Royce é diferente. É mais que apenas um carro. Quando você dirige um, todos sabem que você é especial. Você é admirado pelas mulheres e invejado pelos homens.

Francamente, não há nada mais no mundo que lhe dará tanto status instantâneo quanto sentar atrás do volante da sua própria "Rainha das estradas".

Vamos encarar. Como dono de um carro antigo, você já sabe o valor de dirigir um carro fino, então minha pergunta para você é:

Por que não ir até o fim?

Com o inacreditável preço baixo que posso oferecer mais 100% de financiamento que consigo, pode ser ainda mais barato dirigir um Rolls do que o carro que você tem hoje!

Por favor me ligue assim que você ler esta carta. Agora mesmo, tenho apenas cinco dessas barganhas fantásticas e elas não vão durar.

Meu número é 2222-2222.

Sinceramente,

Giorgio Scala

PS: Um Rolls Royce vive para sempre. O que você dirigir hoje pode ser dirigido por seus netos.

PPS: Há uma outra "razão misteriosa" porque eu posso vender esses Rolls Royce tão baratos, mas eu prefiro não revelar isso até nós falarmos no telefone. Obrigado.

Robert Allen – Gary Halbert

Já deu para perceber que sou fã do Gary Halbert, não é?

E sou mesmo. Até já sonhei com ele me ensinando copy!

Escolhi a próxima carta porque ela gerou mais de US$ 74 milhões para Robert Allen. Ela carta é diferente. Uma das partes mais importantes de uma carta de vendas é a headline, correto? Porém, imagine a carta "Coat-of-Arms" com uma enorme headline no começo. Não daria certo porque as pessoas saberiam que aquilo é um anúncio.

Nesse caso, a mesma coisa. Gary substituiu a headline por uma moeda de 1 centavo para capturar a atenção da pessoa que receber a carta e, nesse caso, a moeda faz o papel da headline. Uma estratégia que ele mesmo aprendeu estudando Robert Collier.

Entenda que você precisa criar uma "isca" que chame a atenção do seu cliente e que tenha vínculo com sua oferta; uma moeda de 1 centavo, de 1 real, tem conexão com o tema "ganhar dinheiro". Uma embalagem de Sonho de Valsa tem conexão com o tema "emagrecer".

Pense em algo que realmente chamaria a atenção.

Você não precisa necessariamente enviar uma carta para seu cliente, mas pode contar uma história em vídeo de como você comeu um sonho de valsa, e esse foi o motivo para você decidir emagrecer de vez (talvez você comeu um pacote de 1 kg e somente então você percebeu como você estava engordando).

Nessa carta, perceba o jogo de palavras, a _especificidade_, _escassez_, _desejo_...

Observe também alguns elementos adicionais importantes.

Desde o começo você já tem um preço "âncora", ou seja, um referencial que seu cérebro cria. O segredo do preço âncora é trazer seu cliente para o preço real de forma que ele sinta uma verdadeira barganha no que ele está comprando.

Compare o valor que aparece logo no começo, com o que aparece no final.

Não parece um ótimo investimento?

Principais lições dessa carta:

- Crie âncoras (referências) de preço ao longo da sua carta de vendas o quanto antes para o preço final parecer menor;
- Trabalhe com grupos exclusivos e fechados, e reforce isso com a emoção principal (nesse exemplo, ganância).

Caro Amigo,

Como você pode ver, anexei um centavo no topo desta carta por duas razões:

1. Tenho algo <u>muito importante</u> para contar a você e precisava de uma maneira de prender sua atenção.
2. Como o que estou escrevendo é sobre dinheiro, pensei que uma "isca financeira" era apropriada.

Meu nome é Robert Allen. No dia 13 de março, minha equipe selecionou e ensinou 189 pessoas de todo o país meus segredos para a riqueza. Em 60 dias, essas pessoas lucraram em média US$ 12.916,00 cada.

Essa mesma equipe estará na Califórnia de 5 a 14 de janeiro e, se possível, eles gostariam de encontrá-lo pessoalmente.

Nesses dias, uma maneira totalmente nova de fazer dinheiro sério no mercado de imóveis de 1989 será revelada para um grupo selecionado de pessoas, utilizando duas vantagens quase desconhecidas "escondidas" na nova lei de impostos.

Com o clima de mudança econômica que segue uma eleição presidencial, agora é a melhor hora para comprar imóveis. Se você está interessado em imóveis de alto fluxo de caixa, passar o dia com esses especialistas pode valer uma fortuna para você.

De fato, nós pessoalmente garantimos seu sucesso. Você não apenas irá aprender nossas últimas técnicas de investimento em imóveis...

"Você Deve Fazer US$ 10.000,00 ou Mais em um Período de um Ano ou Nós Vamos Devolver Sua Matrícula!"

Este treinamento intensivo não é para qualquer um. É somente para aqueles que são sérios sobre ter e controlar grandes somas de dinheiro. Quando você nos encontrar, receberá uma coleção especial GRATUITA de quatro relatórios contendo informações não incluídas nos meus livros best-sellers: "Sem Entrada" e "Criando Riqueza".

Aqui estão os nomes dos relatórios:

1. Uma Brecha Escondida Na Nova Lei de Impostos Que Novamente Torna Imóveis O Investimento Número Um Da América;
2. Um Segredo Fantástico Que Permite Você Conversar Com Donos de Barganhas Antes De Qualquer Um;
3. 12 Números de Telefone Que Podem Dobrar Sua Receita Nos Próximos 12 Meses
4. Uma Simples Carta de 4 Parágrafos Que Ajuda Você a Encontrar Vendedores Motivados.

Apenas estes relatórios valem o custo de US$ 59,00 da matrícula. Ainda assim eles refletem apenas uma amostra das informações criadoras de dinheiro que será compartilhada com você.

Adicionei um ticket para reservar seu lugar e os relatórios GRATUITOS. Tudo que você precisa fazer é ligar e confirmar sua reserva. Pré-registre seu Mastercard ou Visa quando ligar, e o custo da matrícula será de **apenas US$ 39,00**. Ligue e pré-registre antes de 4 de janeiro, e você ainda receberá um bônus adicional GRATUITO:

Todos os Formulários que Você Precisará para Lucrar no Novo Mercado de Imóveis de 1989.

Nós nos encontraremos das 9h até as 15h30; a mesa de check-in abrirá às 8h. Detalhes da localização estão inclusos no ticket.

Por favor ligue agora, pois devido à taxa de matrícula tão baixa, nós acreditamos que a reunião encherá rapidamente (nós mandamos embora 169 pessoas da última vez!). Ligue gratuitamente:

1-800-...

Sinceramente,

Robert Allen

PS: Por favor nos avise mesmo se você não vier para que possamos liberar seu relatório para outra pessoa. Obrigado.

(escrito à mão):

Ligue hoje e ainda vou incluir meu vídeo de 2 horas "Criando Riqueza" que inclui imagens ao vivo do desafio de St. Louis.

DollarShaveClub.com

Não consegui descobrir com certeza quem foi o copywriter dessa empresa, mas resolvi trazer um exemplo moderno.

Por que escolhi essa carta de vendas?

Porque ela tem faturamento previsto de US$ 180 milhões em 2015, e **em 2016 foi vendida por US$ 1 bilhão para a P&G.**

No lançamento, em 48h conseguiu 12 mil clientes.

E o tamanho da carta de vendas? 204 palavras em 1:33 de vídeo no YouTube:

https://www.youtube.com/watch?v=ZUG9qYTJMsI

O que aconteceu no mercado?

O pioneiro praticamente foi eliminado.

A Gilette sentiu o "tremor", e está tentando não perder clientes (inclusive lançou um serviço parecido).

A DollarShaveClub conseguiu tanto sucesso porque trouxe algo fundamental: Uma Grande Ideia que abalou as estruturas do mercado.

Me arrepiei quando li essa carta. :)

Perceba que mesmo seguindo uma estrutura diferenciada, esta Carta também possui os elementos de **especificidade, prova**, e um desejo absurdo de fazer parte porque você cria um ambiente "exclusivo".

Você não está comprando um produto. Está entrando para um clube de pessoas diferenciadas.

Mesmo não sendo explícito, coloca a Gillete como inimiga.

O próprio vídeo no YouTube incita a curiosidade e desejo de fazer parte do clube.

Principais lições dessa carta:

- As empresas se diferenciam através de boas histórias, e o tema "nós contra eles" é poderoso. Uma pequena empresa com um serviço exclusivo, contra "eles", os gigantes do mercado.

Um Barbear Fantástico
Por Alguns Dólares Por Mês

Mike: Olá, eu sou Mike, fundador do DollarShaveClub.com.

O que é dollarshaveclub.com? Bem, por US$ 1,00 por mês enviamos lâminas de barbear de alta qualidade diretamente na sua porta.

Sim, US$ 1,00.

As lâminas são boas? Não... nossas lâminas são boas pra c******.

Cada navalha tem lâminas de aço inoxidável, uma tira lubrificante de aloe vera e cabeça flexível. É tão suave que uma criança poderia usar.

E você gosta de gastar US$ 20,00 por mês em lâminas de marca? US$ 19,00 vão para o Roger Federer... e já estou cheio de tênis.

E você acha que suas lâminas precisam de vibração, lanterna e 10 lâminas? Seu avô bonitão tinha uma única lâmina e pólio. Bonitão.

Pare de pagar por tecnologia de barbear que você não precisa e pare de esquecer de comprar suas lâminas todos os meses. Alejandra e eu vamos enviar para você.

Não estamos apenas vendendo barbeadores, também estamos criando novos empregos. Alejandra, o que você estava fazendo mês passado?

Alejandra: Não trabalhando.

Mike: E agora, o que você está fazendo?

Alejandra: Trabalhando.

Mike: Não sou nenhum Vanderbilt, mas este trem faz fumaça.

Então pare de esquecer de comprar suas lâminas todos os meses e comece a decidir onde você vai colocar todos os dólares que estou economizando para você.

Nós somos dollarshaveclub.com, e a festa começou.

Jay Abraham

Jay Abraham também é considerado um dos maiores copywriters do mundo, e também é um grande estrategista de negócios.

Sua carta é um exemplo de como alguém "confia" no taco e não cobra uma taxa formal para entrar no negócio. Ela gera **autoridade** muito grande pela forma que é apresentada. A promessa é forte, tira o risco do editor (**garantia diferenciada**), e coloca como prova os clientes que já trabalharam com ele.

Trouxe essa carta para você ver que não existe "regra" para criar sua carta de vendas.

O que importa realmente é sua estratégia de negócios.

Marketing é um jogo de números. Conheça seus números e você terá resultados extraordinários.

Principais lições dessa carta:

- Tire todo o risco do seu cliente. Estatisticamente, quanto MAIOR sua garantia, menor a quantidade de reembolsos.

Você gostaria de dobrar sua lista de assinantes nos próximos 12 meses sem custos de marketing?

Eu posso ajudar.

Caro Editor:

Sou dono de uma empresa que é especializada em abordagens de marketing inovadoras. Nós desenvolvemos e implementamos totalmente às nossas expensas. Acredito que formulei uma abordagem que pode rapidamente aumentar sua base de assinantes para o dobro.

Aqui está meu conceito.

Vou rodar anúncios em publicações de negócios e consumos adequadas oferecendo os últimos fatos da sua newsletter junto com as últimas publicações de outros boletins similares por US$ 5,00. Os US$ 5,00, acredito, quase cobrirão os meus custos de publicação. Entretanto, quanto eu enviar os boletins para os destinatários, também incluirei um formulário de inscrição de assinatura, junto com uma poderosa carta de vendas, oferecendo uma assinatura completa do seu informativo por um ano por 35% menos do valor original. Acredito que muitas pessoas irão aceitar essa vantagem atrativa de preços.

Dos 65% que eu cobrar deles, quero ficar com metade e a outra metade envio a você. Você, claro, ficará com 100% das renovações que resultarem dessa ação.

Eu também vou considerar rodar anúncios separados oferecendo apenas as últimas notícias da <u>sua</u> assinatura e de mais ninguém depois que testarmos o primeiro conceito.

Vou investir 100% dos custos de publicação. Vou cuidar do envio de todas as amostras assim como coordenar as conversões em assinaturas.

Você só precisa investir mil cópias do seu informativo todo mês, por seis meses. Você apenas enviará tudo para mim e nós faremos todo o resto.

O custo para participar do meu programa é o seu custo de impressão.

Minha promessa realista é que dobraremos sua base de assinantes em 12 meses.

Se você está interessado em participar deste programa dinâmico, me escreva no endereço abaixo consentindo na divisão 50-50 no valor de 65% da inscrição. Também me envie fatos recentes do seu informativo que você deseja promover junto com o valor da sua assinatura normal.

Se você tiver qualquer pergunta, me ligue ou ao meu sócio, Bonnie Flores, no número abaixo.

Atenciosamente,

Jay Abraham

PS: Caso você esteja se perguntando sobre minha habilidade, você deve querer ler o anúncio que está junto dessa carta. Meus clientes incluem The Ruff Times, IRI Insights, Entrepreneur Magazine, New Capital Publications, Robert Allen, Albert Lowry, e vários outros que posso lhe contar quando conversarmos.

Melhor Que Livre de Risco – Jornal Bicentenário

Esta carta também é interessante porque na verdade é apenas o final de uma delas.

Foi escrita por Gary Halbert, mas trouxe aqui um ponto crucial.

O bônus oferecido no final é bom o bastante para fazer os clientes darem uma chance para a oferta. A chave é você conseguir criar um bônus com alto valor percebido para o cliente e com custo baixo para você.

Garantias bem montadas dobram as suas vendas. Atreladas a um bônus altamente relevante que pode "ficar" com o cliente, você pode conseguir ainda mais vendas.

Observe os dois elementos, o bônus e a garantia, que foram fundamentais para o sucesso da carta.

Você pode criar garantias simples como devolver o dinheiro em até 30 dias se o cliente não ficar satisfeito, ou até mesmo devolver o dobro do valor investido se daqui um ano seu cliente não conseguir resultados.

E antes que você pense que isso é arriscado demais, quanto mais longa sua garantia, menos devoluções você tende a ter, porque as pessoas esquecem.

Simples psicologia e inércia aplicadas na prática.

Principais lições dessa carta:

- Crie garantias irresistíveis (devolver o dinheiro, pagar depois, etc.), porque isso pode até dobrar suas vendas;
- Ao criar "bônus" para suas ofertas, você precisa de apenas um único bônus fenomenal para fazer seu cliente querer "testar" seu produto.

Requisição de Pedido Por Cupom – Jornais Bicentenários de 1789

Sim! Eu quero aproveitar e receber os jornais bicentenários de 1789 descritos neste relatório "Melhor Que Sem Risco" com 20% de desconto oferecido em sua carta que o acompanhou. Entendo que posso pedir qualquer exemplar dos jornais de 1789 listados abaixo e pagar apenas US$ 840,00 (ao invés de US$ 1.050,00) grampeados mas não enquadrados – e US$ 1.020,00 enquadrado (ao invés de US$ 1.275,00). E estou protegido pela mesma garantia de devolução de 90 dias que clientes que pagam o preço cheio recebem. Se eu decidir adquirir qualquer publicação única de uma data especial, também recebo 20% de desconto. Você está cortando seu lucro para me dar esses descontos, mas eu entendo que é para me tornar um cliente fiel da sua empresa de coleções ao invés de um simples cliente esporádico. Estou sinceramente interessado em construir uma coleção de jornais históricos originais, documentos e artefatos.

Meus dados de compra estão abaixo.

___ Por favor me mande ____ jornais não emoldurados (máximo de 4 por pessoa, sem exceções) por US$ 840,00 cada – grampeados mas não emoldurados.

___ Por favor me mande ___ jornais emoldurados (máximo de 4 por pessoa, sem exceções) por US$ 1.020,00 cada – grampeados e belamente emoldurados em madeira de nogueira com um detalhe de folha de ouro de 24 K e vidro de dois lados.

Ou

** para pedir os jornais especiais mostrados na página 4 na coluna da direita, ligue para 222-222-2222 e pergunte pela Janet, para verificar a disponibilidade pelo número do item.

[Dados de pagamento]

** Bônus. Entendo que vou receber gratuitamente 5 jornais "quase perfeitos" pré-Guerra Civil como bônus, com cada jornal de 1789 que eu receber. E também, se eu decidir devolver o jornal por qualquer motivo dentro de 90 dias da compra eu posso fazer isso "sem perguntas" e manter não apenas um, mas todos os 5 jornais de bônus para mim. Nesses termos, aceite meu pedido.

Robert Bartlett – Geração de Leads para Imóveis

Agora quero mostrar para você uma carta que também foi enviada pelos Correios.

Veja que o objetivo dessa carta é diferente das demais. O objetivo dela é gerar leads, ou seja, contatos dos potenciais clientes com o corretor.

Preste atenção aos pontos principais dessa carta. A principal "emoção" é a ganância.

Imagine como seria comprar um terreno hoje por uma "pechincha" e poder vendê-lo no mínimo pelo dobro do preço daqui a cinco anos?

Além da emoção principal ser a ganância, é usada uma outra estratégia importante: "Garantir um futuro seguro e feliz para sua família."

Esse é um dos reforços emocionais que se você adiciona de forma sutil na sua mensagem de vendas, pode gerar grandes resultados. Apesar que o objetivo dessa carta é fazer as pessoas entrarem em contato com o corretor, quando você precisa vender qualquer forma de PREVENÇÃO, usar o tema de família é muito importante.

Porque muitas vezes você não vai fazer algo "por você", mas se sua família, ou seus filhos, estão em risco, a chance de você tomar uma ação é muito maior.

Principais lições dessa carta:

- Use a "imaginação" para pintar um cenário na mente do seu cliente;
- Identifique na carta as principais emoções usadas;
- Quando você trabalhar com "prevenção", lembre-se de usar entes queridos.

Estimados Sr. e Sra. <Nome Família>,

Supondo...

Vamos apenas supor que... há 5 anos você tivesse comprado um terreno muito bem localizado. Pense como a sua vida poderia ser diferente hoje...!

Talvez, a compra daquele terreno tivesse sido o primeiro passo da sua nova casa hoje. Exatamente agora, você e sua família poderiam estar desfrutando de uma confortável e conveniente vida em um bairro bem localizado... distante do barulho e dos problemas da cidade, mas a apenas alguns minutos de novos shopping centers, escolas e igrejas.

Mesmo que você não tivesse construído nada neste terreno nos últimos 5 anos, hoje ele poderia estar valendo, pelo menos, o dobro do que você pagou por ele. Isto é um fato – uma propriedade que vendi nos Fifties está valendo hoje o dobro do preço de compra. Não me admira que não haja melhor investimento do que um terreno bem localizado. Ele não se deprecia como um carro, seu valor não flutua como ações na bolsa de valores.

Mas veja: eu estou falando de terrenos <u>bem localizados</u>. Se o terreno vai se tornar uma boa residência ou um bom investimento, há muitas coisas que o comprador precisa considerar. E é por isto que eu acredito que você vai se interessar pelo folder que estou lhe enviando. Ele lhe mostra importantes perguntas que você precisa se fazer sobre comprar um terreno. O folder também lhe mostra as vantagens de escolher um lugar para morar agora... mesmo que você nem esteja pensando em construir nada.

Se você está interessado em um terreno, você pode confiar no Bartlett – o maior e mais antigo construtor de condomínios em Chicago. Eu tenho uma seleção criteriosa de muitas propriedades disponíveis, com muita diversidade de preços. Com menos de US$ 170,00 você pode comprar uma casa Bartlett agora!

Já não está na hora de você começar a pensar seriamente sobre ter um imóvel? Apenas marque o tipo de propriedade que lhe interessa no cartão anexo – e me devolva sem custos ainda hoje. Nós vamos ligar de volta com todas as informações. Naturalmente, você não está obrigado a nada e nenhum vendedor vai visitá-lo sem o seu retorno.

O melhor a fazer é responder o cartão anexo agora – isto pode significar um futuro seguro e feliz para você e sua família!

Cordialmente,

Robert Bartlett

Pesquisa de Mercado com Médicos

A carta que você verá agora também é diferente das demais, porque o objetivo dela é fazer uma pesquisa de mercado.

Veja que o modelo dessa carta pode ser usado tanto em uma comunicação impressa (como foi empregada originalmente), como também uma mensagem por e-mail.

Preste atenção aos detalhes dessa carta.

O público-alvo são médicos ocupados.

E logo no começo, essa carta descreve o dia a dia de um médico ocupado.

Por que isso é importante?

Porque quem lê a carta se IDENTIFICA com o que está sendo descrito.

Se você constrói uma comunicação na qual seu cliente se vê e se sente parte do cenário, se ele sente que é COMPREENDIDO de forma íntima, ele vai prestar atenção em você.

E mais, o objetivo da pesquisa não é para a "empresa". É para o médico ser melhor servido.

É importante que sua mensagem seja sempre sobre seu cliente e sobre o que ele pode ganhar interagindo com você.

Agora, mais um detalhe importante. Lembre-se que essa carta é para médicos ocupados. Por isso, junto da carta foi enviada uma nota de um dólar anexada, para que os médicos parassem o que estavam fazendo e vissem do que se tratava aquela carta estranha.

Lições principais dessa carta:

- Entenda seu cliente a ponto de saber como é o dia a dia dele, e descreva isso;
- Pense em como você pode chamar a atenção de forma impactante;
- Faça a sua mensagem ser sobre o seu cliente, e não sobre você.

<nota de um dólar anexada no topo da carta>

Estimado Dr. <Nome Médico>:

Na última semana fui visitar o meu médico pessoal. Uma cirurgia de emergência o deteve no hospital e a sua sala de espera parecia ter encolhido umas 6 cadeiras.

Dr. <Nome Médico>, nós entendemos o quão ocupados vocês são. Nosso objetivo é lhe oferecer informação educacional e produtos relacionados às necessidades dos seus pacientes. Como forma de fazer melhor o nosso trabalho, estamos pedindo apenas um momento do seu tempo.

Você poderia responder às duas questões que estão no verso do envelope?

Isso irá nos ajudar a obter informações importantes diretamente dos médicos que precisam disso... mas não será um fardo para os médicos que não precisam desta informação. O dólar que segue não significa um pagamento pelo seu tempo, Dr. <Nome Médico>... nós sabemos que o seu tempo é muito mais valioso do que isto. O verdadeiro retorno virá em serviços profissionais que esta pesquisa nos permitirá lhe oferecer.

Até aqui, as respostas têm sido ótimas, mas nós precisamos da sua resposta se este tipo de informação é importante para os seus pacientes. Você poderia reservar um momentinho para nos fornecer este dado?

Muito obrigado por sua ajuda.

Atenciosamente,

J.B. Martin
Diretor da Fairview Pesquisas Médicas

Cavalinha Salgada

Essa carta também é interessante porque tem várias lições importantes.

A partir dela foi criado um negócio milionário de venda de Cavalinhas no Reino Unido.

Preste atenção...

Na carta enviada para as pessoas, a primeira foto era de uma cavalinha enorme. Isso já é suficiente para chamar atenção (porque muitas pessoas adoram peixe), mas há um complemento.

"Diretamente dos barcos pesqueiros para você."

Ou seja, você tem a chance de ter peixe fresco na sua refeição, sem medo.

Outro aspecto importante dessa carta é a seguinte:

O pescador diz como "começou" o negócio (pescando com o pai, e depois como identificar as melhores cavalinhas) – e porque as cavalinhas em peixarias normais não são ideais. Isso gera identificação e confiança, porque mesmo sendo um negócio gigantesco, ainda se tem a impressão de que é uma mensagem pessoal, e feita para valorizar negócios locais.

Além disso, o aspecto pessoal da carta transmite a sensação de que "só vendo para você o que eu mesmo faço aqui em casa".

Isso tem um poder enorme.

Principais lições dessa carta:

- Mostre claramente o que seu cliente vai receber, e o deixe com "água na boca" (nesse caso, literalmente);
- Conte sua história e valorize ser uma comunicação pessoal;
- Explique porque o que é encontrado nos concorrentes não é o ideal – invalide os concorrentes, mas mantenha o respeito, sempre;
- Faça uma oferta irresistível para seu cliente "provar" seu produto.

Diretamente dos barcos pesqueiros para você

<foto de um peixe>

A Melhor Refeição de Peixe!

Experimente esta gorda e suculenta cavalinha ÀS MINHAS CUSTAS.

Amigos, aqui está o verdadeiro tratamento de Gloucester.

Um pedaço de cavalinha deliciosa, especialmente selecionada pela cor e sabor.

Você com certeza irá saborear esse peixe maravilhoso. Não envie dinheiro. Vou enviar o peixe para sua aprovação e assumir todo o risco.

Precisa de um Pescador Para Pegar Um Bom Peixe

Por gerações minha família foi de pescadores – os fundadores de Gloucester. Eu costumava ir ao mar com meu pai atrás de cavalinhas. Pouco pensava que o que aprendi sobre peixes seria de real valor para meus amigos ou meus negócios. Se eu não tivesse aprendido o que aprendi no mar por toda a América, não receberia cartas de todos os lugares falando: "Sr. Davis, não conseguimos pegar cavalinhas em nenhum lugar como as suas." Construí um negócio com 100.000 locais. É uma alegria fazer negócios com homens locais e ter a confiança e boa vontade deles.

Nossa Própria Casa

Naqueles dias de pesca, meu pai naturalmente pegava as melhores cavalinhas para levar para casa no inverno. Pegávamos as mais gordas. Sabia identificá-las de olho. A carne cozida é muito saborosa. Enviei para alguns amigos um pouco do meu peixe. E o que eles disseram me fez perceber a dificuldade que é para pessoas que moram longe do mar escolher o peixe certo. O segredo é escolhê-los. O tipo de cavalinha que meu pai ensinou a escolher para o estoque de inverno são o tipo que vou enviar para você. Nós limpamos e cortamos a cabeça e o rabo, e enviamos um peixe limpo pelo peso líquido. Sempre que você quiser uma boa refeição de peixe como essa, descongele, e está pronto para cozinhar.

Cavalinha de Outono – Gorda e Tenra

Cavalinhas de Outono são os melhores peixes para comer. No outono elas ficam gordas, como um peru para Ação de Graças. A maioria dos peixes que a sua peixaria vende são pescados durante a Primavera e o Verão, quando estão emagrecendo, e estão secas e sem gosto. Tenho tudo que preciso para suprir meus clientes locais sem passar por peixarias. Você pode negociar direto comigo como faz com seu açougueiro. E tudo que eu mandar, entregue na sua porta, é enviado contando com sua total satisfação, ou você não paga. Há alguma maneira melhor de fazer negócios? Por 34 anos essa é minha política.

Não Envie Dinheiro – Experimente a Cavalinha Primeiro

Quero que você saiba que antes de pagar, meus peixes vão deixá-lo satisfeito. Se há qualquer risco, quero que seja meu. Envie o cupom hoje e vou enviar 10 libras de cavalinha limpa, cada peixe pesando entre 1/1/4 lbs e 1/1/2 lbs (empacotado como fazemos, o peixe pode durar semanas na sua casa), todas as cobranças já pré-pagas, para sua família no Kansas ter o tratamento real de Gloucester no domingo de manhã. Se minha cavalinha não for melhor que as que você já experimentou, envie o resto de volta às minhas custas. Se você ficar satisfeito com elas, e tenho certeza que vai, envie US$ 4,90. Na mesma hora peça pela listagem de peixes dos Davi's. Venda sempre direta, nunca através de peixarias. Envie o cupom agora, com seu cartão de negócios ou carta de referência.

Sim, sua cavalinha vale experimentar de qualquer jeito. Me envie com todas os custos pré-pagos, um pacote com 10 lbs de cavalinha com peixes pesando entre 1/1/4 e 1/1/2 cada. Se após experimentar o peixe eu não gostar deles, devolverei o resto às suas custas e não deverei nada. Se não, enviarei US$ 4,90 em 10 dias.

Revista Reader's Digest

A revista Reader's Digest foi uma das maiores do ramo nos Estados Unidos.

Essa carta é um exemplo simples e prático de como você pode chamar a atenção do seu cliente deixando-o curioso (através da poesia logo no começo). E trabalha uma emoção interessante: vergonha.

Quem nunca teve medo de não saber o que falar em uma conversa? Atualidades, ciências, filosofia (e nesse exemplo, até poesia!) tornam você uma pessoa mais interessante. Isso tem várias vantagens, desde um encontro com um novo par, reuniões de amigos e até reuniões de negócio. E você pode eliminar esse medo da sua vida, ao receber 12 edições dessa revista (uma por mês) na sua casa.

Preste atenção como a estrutura dessa carta começa com uma curiosidade e aponta um problema.

Tudo que falei acima faz parte da "conversa interior" que acontece na mente das pessoas quando apontamos um problema real na vida delas que precisa ser resolvido.

E nessa carta eles ainda fizeram algo muito diferente. Enviaram duas moedas de 1 centavo com a carta. A primeira moeda é para ficar com o leitor, e a segunda é para enviar de volta com mais US$ 2,00.

Para você entender a matemática deles, com os novos assinantes a revista quase não tinha lucro. O lucro real deles estava na renovação anual, com uma taxa de quase 80%.

Principais lições dessa carta:

- Aponte claramente um problema ou um medo que existe na vida do seu cliente;
- Procure encontrar um "gancho", uma "ideia" que prenda a atenção do seu cliente desde o início;
- Faça sempre uma oferta irresistível;

- Construa sempre um produto incrível (você precisa do marketing para vender a primeira vez, mas precisa da qualidade do produto para vender novamente).

Estimado Leitor:

Um antigo poeta persa disse: "Se você tiver apenas duas moedas, gaste uma com o pão. Com a outra, compre flores para a alma."

Poético, talvez; mas totalmente sem sentido!

Comprar "flores para a alma" – para nutrir a sua mente e o coração com boa leitura; para estar informado, alerta, preocupado com o que diz aos outros – é tão importante quanto progredir na carreira ou na vida social.

E isto não precisa ser uma tarefa difícil! Uma pequena revista – 12 vezes por ano – vai livrá-lo da estagnação mental, lhe dará algo interessante para pensar e conversar, o manterá livre do tédio – e o livra de entediar aos outros! A revista é a Reader's Digest.

Nesta carta (com os nossos cumprimentos) há duas moedas para <u>você</u>. Nós o convidamos para manter uma consigo como um pagamento – e com a outra moeda, aproveite a barganha pelas mais finas "flores" que você pode encontrar por aí – as próximas 12 edições de Reader's Digest.

Apenas coloque uma moeda no bolso do envelope que lhe enviamos e nos retorne ainda hoje. Nós vamos lhe enviar as próximas 12 edições da Digest – por menos de US$ 4,00 – mas nós lhe mandaremos uma cobrança de somente US$ 2,01. Assim você recebe 12 edições pelo preço de seis – e começa já a sua mudança!

Este convite não lhe será feito de novo por pelo menos dois anos. É por isso, então, que nós suplicamos que você aja agora. Apenas por se beneficiar desta oportunidade <u>agora</u> você poderá receber as próximas 12 edições da Reader's Digest por US$ 2,00.

Sinceramente,

A História de Dois Homens que Lutaram na Guerra Civil

E para fechar nossa seleção de cartas, aqui está a última.

Lembra-se da carta do Wall Street Journal? Foi uma carta que circulou por 25 anos, e gerou mais de US$ 1 bilhão de faturamento, e é estudada até hoje. Porém, poucos sabem que a carta do Wall Street não é "original" em sua estrutura.

Escrita em 1919, essa é a carta que Martin Conroy se inspirou para criar a carta do WSJ.

Veja que sempre que você conta uma história comparando "duas pessoas", você tende a ter um grande resultado.

O que leva "um" ao sucesso e "outro" ao fracasso?

Também preste atenção como essa carta, mesmo tendo sido a "fonte" para a carta do WSJ, também é única e original.

Criar cartas de venda como essa nem sempre é uma tarefa trivial, porém vale o esforço.

Quando falo que este é um livro de *swipe file*, ou seja, um livro de referências, falo sério. Porque mesmo essa carta da Guerra Civil teve como inspiração uma outra carta, que fala sobre dois cozinheiros em um restaurante, e um "se deu bem", outro nem tanto.

Tecnicamente, a primeira história, em que há "duas pessoas" e uma se deu bem enquanto a outra nem tanto, começa na Bíblia.

Havia dois irmãos. O irmão mais velho matou o mais novo. O irmão assassino fugiu, e um terceiro filho povoou a Terra.

Percebe como a estrutura é parecida?

Sempre que você cria um contraste entre pessoas, tende a ter uma boa história.

Principais lições dessa carta:

- Use personagens e histórias ligados a fatos reais, e faça o seu cliente se identificar com um dos "lados";
- Pinte um cenário onde seu cliente deseja estar "do lado certo", onde ele deseja estar com as pessoas que o levarão a uma nova vida;
- Lembre-se sempre de construir sua autoridade (nesse exemplo, usando altos cargos que alunos da escola conseguiram).

A História de Dois Homens Que Lutaram na Guerra Civil

De uma certa cidadezinha em Massachusetts, dois homens voltaram da Guerra Civil. Os dois tiveram a mesma educação, e até onde se pode julgar, seus sonhos para o futuro eram igualmente bons.

Um homem acumulou uma fortuna. O outro ficou seus últimos anos dependendo do apoio dos filhos.

Ele teve "sorte dura", as pessoas falavam. Ele "nunca pareceu estar no eixo depois da guerra".

Mas o outro homem não apenas "não perdeu o eixo". Ele parecia não ter dificuldade em ficar firme após a guerra.

A diferença entre esses dois homens não é uma diferença de capacidade, mas uma diferença de decisão. Um homem viu o pós-guerra como uma onda de expansão, treinou para aproveitar e executar a oportunidade, e nadou com a onda. O outro homem apenas boiou. A história desses dois homens se repetirá em centenas de milhares de vidas nos próximos meses.

Depois de Toda Guerra Vem Grandes Sucessos – e Grandes Falhas

O seu futuro vale meia hora de pensamentos sérios? Se sim, deixe-me contar a história dos Estados Unidos. Você descobrirá essa verdade impossível de errar:

Oportunidade não segue um fluxo constante, como um rio – vem e vai como grandes ondas.

Teve uma grande onda após a Guerra Civil; e então veio o pânico de 1873.

Teve uma grande onda após a Guerra Espanhola; e então veio o pânico de 1907.

Há uma grande onda agora; e aqueles que aproveitarem não precisarão ter medo do que virá depois que a onda recuar. Os homens mais sábios do país estão se colocando agora além do alcance do medo – estão se colocando nas posições de execução que são indispensáveis.

Homens Fracos Caem em Anos Críticos – Homens Fortes Ficam Mais Fortes

Se você está nos seus 20 ou 30 anos ou no começo dos 40, provavelmente nunca terá outro ano crítico como esse ano, 1919.

Olhando para trás daqui a 10 dez anos você dirá: "Esse foi o ponto da virada."

Milhares de homens sábios e pensadores desse país já se anteciparam para esse período e se prepararam.

Eles se treinaram para assumir as posições que os negócios não podem deixar de ter, através do Instituto Alexander de Negócios, Cursos e Serviços Modernos.

O Instituto é O Instituto Americano que provou seu poder em alavancar homens para altas posições executivas.

Esses Homens Já Decidiram Ir em Frente

Entre os 73.000 homens que entraram no Instituto, 13.534 são presidentes de empresas; 2.826 são vice-presidentes; 5.372 são secretários; 2.652 tesoureiros; 21.260 gerentes; 2.626 gerentes de vendas; 2.876 contadores; de acordo com os números do último ano.

Homens como esses provaram o poder do Instituto: E. R. Behrend, Presidente da Hammermill Paper; N. A. Hawkins, Gerente de Vendas da Ford Motor; William Darcy, Presidente do Grupo de Publicitários Associados; Melville W. Mix, Presidente da Dodge Manufacturing, e centenas de outros.

Homens que treinaram para aproveitar a oportunidade, farão desses anos pós-guerra contar tremendamente.

Você, também, pode fazer contar para você.

Responda Para Enviar Esse Livro, Há Uma Visão do Seu Futuro Dentro Dele

Para cumprir o propósito de grandes pensadores, o Instituto Alexander publicou um livro de 112 páginas "Criando Negócios à Frente". Ele é gratuito; o cupom o trará até você.

Envie agora para receber sua cópia de "Criando Negócios à Frente", enquanto você ainda está pensando nisso. Você pode não ter aproveitado a chance que teve após 1963 e 1998. Mas será sua culpa se daqui a 10 anos você disser: "Eu poderia ter ido ao sucesso com outras 75.000 pessoas, e nem mesmo investiguei."

Preencha o cupom e envie.

Mais Recursos

Agora que você já leu essas cartas, já sabe que o poder delas é enorme porque quase todas são cartas de resposta direta.

Com a internet muda um pouco a forma de entregar esse conteúdo, como as cartas apresentadas em vídeo, mas o conceito, e mesmo apresentar uma carta inteira escrita, ainda funciona. E muito bem.

Se você quer procurar mais cartas e materiais que são controle no mercado, pode acessar os seguintes sites:

- http://www.hardtofindads.com/
- http://swiped.co/

Dentro do meu Programa Elite (http://copycon.com.br/em-elite), você também recebe mais de 20 cartas como essas, além de vídeos explicativos.

Lembre-se: o mais importante é você usar essas cartas como inspiração.

E se você estiver disposto a pagar o preço e copiá-las à mão, em pouco tempo também começará a entender como escrever cartas multimilionárias.

Exercício: Inspirado por essas 7 cartas de vendas, qual melhor se encaixa em seu modelo de negócios?

Que ideia e estratégia você pode desenvolver para ter o máximo de resultados?

A Grande Ideia

Você viu a carta de vendas do DollarShaveClub.com (DSC)? É uma carta de vendas curtíssima, porém ela possui um componente conhecido como a **Grande Ideia**.

O que é essa Grande Ideia?

É o maior inimigo do seu concorrente, ou o seu pior inimigo se o seu concorrente a tiver.

David Ogilvy cunhou esse termo e elencou cinco itens que definem algo como uma "Grande Ideia".

De acordo com Ogilvy:

"É preciso uma grande ideia para atrair a atenção do consumidor e levá-lo a comprar seu produto."

A Domino's dominou o mercado por vários anos com a entrega de pizza dentro de 30 minutos.

Qual foi a Grande Ideia do DSC?

"A Great Shave For a Few Bucks a Month" (um ótimo barbear por alguns dólares por mês)

Vamos falar um pouco do checklist de David Ogilvy:

1. Me fez perder o fôlego quando vi a primeira vez?

Se você se barbeia com frequência e sabe o preço de lâminas, provavelmente sim!

Veja que nesse caso a Grande Ideia sobressai de duas formas:

a. No próprio nome da empresa ("Clube de Barbear Por Um Dólar");
b. Na promessa ("Um ótimo barbear por poucos dólares por mês").

Compare, por exemplo, com o "pioneiro" do modelo de negócios de "clube de barbear", o nome da empresa é RazWar.

Não é atrativo e não conecta com a solução oferecida.

2. Eu queria ter tido essa ideia?

Com certeza! Primeiro, o modelo de negócios é fantástico ("desbravado" pelo pioneiro RazWar).

Em seguida, com uma produção de vídeo de aproximadamente US$ 4.500,00, desafiaram o império da Gillette.

Você queria ter feito o mesmo com 94 segundos de vídeo? Aposto que sim!

3. É único?

Sim. Essa comunicação entrou na mente do cliente e transformou um serviço de assinatura.

Em um clube que você quer fazer parte.

"Nossas lâminas são boas pra c******"

4. É uma estratégia que combina com perfeição?

No caso da DSC, o objetivo maior pode ter sido "quebrar barreiras" e <u>ter lucro</u> atacando diretamente a Gillette.

Lembre-se que o objetivo do marketing é vender.

De acordo com Ogilvy:

"Se não vende, não é criativo."

Considere isso na hora de tentar criar uma mensagem viral.

5. Pode ser usada por 30 anos?

A Gilette espera que não :)

Entenda que para criar um negócio de sucesso você precisa sempre buscar a sua Grande Ideia.

Você já ouviu falar do perfume Tova?

Foi um dos clientes do Gary Halbert e quando decidiram fazer o grande lançamento, clientes foram impedidos de entrar na loja para comprar porque os bombeiros não permitiram.

No caso, qual foi o anúncio feito no jornal?

Esposa de Astro da TV Jura que o Perfume Dela Não Possui Nenhuma Substância Ativadora Sexual Ilícita

Eles conseguiram um volume absurdo de clientes e muita mídia espontânea.

A empresa saiu de US$ 40 mil de faturamento mensal para US$ 800 mil.

Tudo por causa de uma Grande Ideia bem executada.

Se você quer ser um copywriter de nível mundial, você precisa aprender a criar ideias.

E se você tem ou está criando um negócio próprio, você precisa de uma Grande Ideia para criar uma inovação que realmente o destaque de toda a concorrência.

Exercício: Reveja o checklist de Ogilvy para uma Grande Ideia.

O seu negócio se encaixa hoje nesses requisitos? Se não, busque a sua Grande Ideia o mais rápido possível!

O Poder das 500 Palavras (mais 26 exemplos)

Depois de muito estudar e praticar, aos poucos estou começando a me tornar um copywriter de elite, mesmo assim, o que é mais interessante perceber é que escrever cartas de vendas se torna um processo contínuo. Muitas vezes o processo de escrita é muito mais uma questão de fazer as coisas andarem do que técnicas mirabolantes.

Agora quero compartilhar com você 26 exemplos de como você pode iniciar suas cartas de vendas.

Gary Halbert chama isso de 26 "impressões neurológicas" milionárias.

O que isso significa? Assim como as headlines que trouxe no começo deste livro, aqui estão algumas formas que você pode iniciar suas cartas de vendas.

Lembre-se que o objetivo de cada frase da sua carta é fazer com que o leitor leia a próxima linha. Ou seja, a headline chamou a atenção inicial, agora você precisa fazer o leitor continuar até o final.

Você tem novamente duas escolhas para utilizar estes trechos de cartas.

1. Você pode ler e consultar quando quiser para buscar inspiração, ou...
2. Você pode copiá-las à mão para novamente "se apoderar" delas.

Sei que é um grande "chavão", mas o único lugar que o sucesso vem antes do trabalho é no dicionário.

Sempre que encontro uma carta de vendas com uma abertura, ou algum outro "gancho" que me interessa, coloco em minha biblioteca pessoal para estudar mais tarde.

Se você quer ser um copywriter ou se você tem seu negócio e precisa criar suas cartas de vendas, esta seção é fundamental porque a partir dos exemplos, sua carta de vendas flui muito mais fácil e suave.

Agora, porque chamo este capítulo de "O Poder das 500 Palavras?"

Porque são as primeiras 500 palavras que você usa na sua comunicação que determinam o sucesso ou o fracasso da sua campanha.

Isso é chamado de "lead"; é como você "leva" seu cliente frase a frase até o final da sua mensagem.

Lembre-se que você primeiro precisa começar com uma headline forte, e você já teve vários exemplos e inspirações nos capítulos anteriores.

Agora, você precisa fazer seu cliente continuar lendo até o final.

Quando está construindo sua mensagem de vendas, geralmente você trabalha através de uma "ideia principal".

Por exemplo, no meu Programa Elite, a ideia principal é que você possa faturar de R$ 3,00 a R$ 16,00 por lead, em 90 dias.

Para um lead eficaz, você precisa repetir essa promessa pelo menos três vezes nessas primeiras 500 palavras.

Aqui está um trecho do lead do Programa Elite (destaquei em negrito o reforço da promessa):

Revelados TODOS os Segredos do E-mail Marketing Para Você Faturar **R$ 3,00 a R$ 16,00** por Lead em até 90 Dias com um Sistema Testado e Provado

Se você quer construir uma máquina de vendas automáticas através de campanhas matadoras de e-mail marketing, que **convertem de 10% a 30% em vendas** em menos de 90 dias...

Esta pode ser a mensagem mais importante da sua vida até agora.

Aqui está porque:

Caro Amigo,

Meu nome é Gustavo Ferreira, tenho 3 empresas, e sou copywriter e consultor de negócios.

Se você quer uma estratégia simples, testada e comprovada pelos maiores empresários de marketing do mundo, com baixo custo e alto retorno, leia esta mensagem atentamente.

O marketing por e-mail é a ferramenta mais efetiva com o maior retorno sobre investimento para as empresas.

Se você precisa de um lançamento, de um funil de vendas otimizado ou precisa se relacionar com seu cliente, o e-mail é a sua principal ferramenta.

Se você quer extrair o maior volume de vendas da sua lista de e-mails, você precisa conhecer e aplicar as principais técnicas e estratégias usadas pelos maiores empresários do mercado.

Nos últimos 3 anos me dediquei às principais técnicas de copywriting, e nos últimos 12 meses me especializei nesse formato de comunicação por e-mail.

Em 10 meses escrevi 840 e-mails para mim e meus clientes. **Gerei R$ 12,54 por lead** com uma lista de 2.098 pessoas.

(E bem mais do que isso se considerar todas as fontes de vendas).

92% das empresas faturam em média de R$ 1,00 a R$ 2,00 por cada lead na sua base de e-mails; Minhas campanhas geram conversões de 10% a 30% em um período de 90 dias, com cada lead **gerando de R$ 3,00 a R$ 16,00 de faturamento para mim e meus clientes.**

Imagine saber que cada lead que entra em sua lista irá gerar este faturamento para você. Imagine que você tem uma lista de mil leads, e **tem a garantia que terá de R$ 3 mil a R$ 16 mil de faturamento gerado.**

Isso é possível e você pode ter os mesmos resultados.

Consigo transformar a sua lista de e-mails em uma máquina de ganhar dinheiro, com campanhas automáticas rodando e você apenas colhendo os lucros.

Você consegue perceber que logo no começo reforço ao máximo essa promessa, de forma direta e indireta?

Claro, essa promessa é real, e isso sempre é importante. (Se você tem interesse em saber mais sobre o Programa Elite, pode acessar a página na internet: https://copycon.com.br/em-elite).

Antes de mostrar mais um checklist para usar na construção do seu lead, leia agora os exemplos das aberturas que você pode construir nas suas cartas de vendas.

1. Copywriter: John Carlton.
Gera curiosidade extrema.

Famoso Lutador de Rua Mundial Dará A Você Uma ARMA DE GRAÇA... Apenas Para Provar Que Ele Pode Tirá-la De Você Desarmado Tão Fácil Como Tira Doce De Criança!

Caro Amigo,

Quero mandar para você uma arma de graça (é idêntica aos padrões de especificação militares de armas de treinamento).

Há duas coisas que quero que você faça quando receber:

Quero que você deixe a arma de lado e assista aos quatro vídeos que vou mandar junto.

Então quero que você dê a arma para seu amigo maior, mais resistente e mais bem coordenado que tem... e peça para ele:

Apontar a Arma Para Você E Colocar O Dedo No Gatilho!

É importante que você escolha alguém maior que você. De preferência, ele deve ter alguma habilidade em lutas. Um faixa preta de karatê seria perfeito.

Por que estou pedindo para você fazer isso? Porque quero provar para você que o que você verá nesses vídeos vai permitir você tirar a arma da mão dele (apenas com suas mãos) e levá-lo ao chão antes que ele pense em mover um músculo para apertar o gatilho!

2. Copywriter: Joe Karbo.

Você quer saber o fim da história porque você se conecta com o autor da carta.

Querida Betty,

Eu amo muito você.

Quero cuidar de você e de nossos filhos pelo resto de nossas vidas. Haverá tempos bons e tempos ruins. Mas farei o melhor que puder.

De tempos em tempos, provavelmente vou irritar ou incomodar você. Mas prometo que você nunca ficará entediada.

3. Copywriter: Ben Suarez.

Uma fórmula testada para ganhar dinheiro de casa sempre funciona. Perceba como retira objeções também.

Caro Gustavo Ferreira,

Estou escrevendo isso para falar sobre uma forma de ganhar dinheiro com seu computador da sua casa, testada por 21 anos; ou como criar negócios multimilionários do nada sem empréstimos bancários, aportes de capital ou vendendo ações.

4. Copywriter: Ben Suarez.
Similar à anterior para ganhar dinheiro na internet.

> Caro Gustavo Ferreira,
>
> Estou escrevendo para falar sobre uma forma realmente simples de acessar a rede mundial da Superestrada de Informações e um método para usar seu computador pessoal para ganhar dinheiro de casa.

5. Copywriter: Ben Suarez.
Apela diretamente ao desejo das pessoas, principalmente mulheres.

> Caro Gustavo Ferreira,
>
> Quero informá-lo que uma nova pesquisa finalmente descobriu as cinco causas da barriga do abdômen inferior e como deixá-lo reto como uma tábua.

6. Copywriter: Gary Halbert.
Anúncio no jornal para conseguir uma esposa para ele – e conseguiu.

> Você é mais que um rosto bonito?
>
> Homem de negócios criativo e generoso quer encontrar uma mulher quente e sexy com bom senso de humor.

7. Copywriter: Joe Karbo.
Produto: livro com o mesmo nome "O Caminho do Homem Preguiçoso para a Riqueza".

> ### O Caminho do Homem Preguiçoso para a Riqueza
>
> A Maioria das Pessoas Está Muito Ocupada Ganhando a Vida ao Invés de Ganhar Dinheiro.
>
> Caro Amigo,
>
> Eu costumava trabalhar pesado. O dia de 18 horas. 7 dias por semana.

Mas eu não comecei a ganhar rios de dinheiro até começar a fazer menos – muito menos.

8. Copywriter: Martin Conroy.
Assinatura do Wall Street Journal.

Caro Leitor,

Em uma bela tarde de primavera, 25 anos atrás, dois jovens se formaram na mesma escola. Esses jovens eram muito parecidos. Os dois foram estudantes melhores que a média, ambos eram bem apessoados e os dois – como jovens colegas de graduação são – eram cheios de sonhos ambiciosos para o futuro.

Recentemente, esses dois homens retornaram para a faculdade para o 25º encontro.

9. Copywriter: Jay Abraham.
Usou uma notícia atual para gerar um gancho na comunicação.

No Dia 1º de Outubro, a Varredura de Impostos Presidencial Começa A Valer. Um Investimento Subestimado Pode Se Tornar o Maior Beneficiário de Todos.

Caro Amigo:

A cobrança de impostos do congresso vai afetar mais do que indivíduos e retorno de empresas. A repercussão pode ser sentida em tudo, de parcerias de imóveis a planos de aposentadoria, a contas bancárias, portfólio de ações e abrigos de impostos.

(Observação: a partir daqui não tenho mais os nomes dos copywriters, e somente quando for válido farei uma observação).

10. Produto: Como escrever livros infantis.

Caro Amigo,

Se você quer escrever e publicar, não consigo pensar em uma maneira melhor de fazer isso do que escrever livros e histórias para crianças e adolescentes. As ideias surgem naturalmente diretamente da sua vida.

11. Início ultraespecífico para ganhar dinheiro

Gratuito: Relatório de Pesquisa do Mercado de Ações de R$ 39,00 Explica 24 Maneiras Específicas de Turbinar Seus Lucros em Investimentos Comuns de Ações.

Caro Investidor:

Nós vamos enviar para você uma cópia de um guia não usual de Investimento no Mercado de Ações que traz entrevistas com 12 dos melhores investidores de Wall Street. Esses investidores bem-sucedidos apresentam 24 estratégias combinadas que podem fazer você mais inteligente e bem-sucedido como investidor em ações.

12. Esta carta já prevê e antecipa as objeções

Caro Amante de Música,

Deixe-me fazer uma previsão:

Prevejo que milhares, muitos milhares de pessoas que amam música não vão enviar de volta os vouchers para os 4 CDs, K7s ou gravações que oferecemos – simplesmente porque estão desconfiados!

"Deve haver uma pegadinha", eles vão dizer. "Conseguir R$ 63,92 em CDs, K7s e gravações por nada é muito bom para ser verdade."

13. Foco na curiosidade.

O "dilema" abre o loop, o gancho para a história.

> Preciso Tirar Isso do Meu Peito Antes que Exploda!
>
> Caro Assinante:
>
> Estou encrencado, por muito tempo, com um grande dilema.

14. Você não leria isso?

> Caro Amigo,
>
> Tenho um problema com impostos e quero que você seja o beneficiário ao invés da Receita...

15. Gary Halbert para Robert Allen (faturou US$ 75 milhões)

> Caro Amigo,
>
> Como você pode ver, anexei um centavo no topo desta carta por duas razões:
>
> Tenho algo muito importante para contar a você e precisava de uma maneira de prender sua atenção.
>
> Como o que estou escrevendo é sobre dinheiro, pensei que uma "isca financeira" era apropriada.
>
> Meu nome é Robert Allen. No dia 13 de março, minha equipe selecionou e ensinou 189 pessoas a...

16. Faça seu cliente se sentir especial

> Caro Amigo,
>
> Este convite privado só está indo para um pequeno número de pessoas, você incluso. Espero que você aceite meu convite. Mas se você decidir não aceitar, quero lhe mandar um presente... completamente gratuito.

17. Nicho de investimentos: foque na ganância

Caro Amigo,

Você ficaria feliz em ganhar 50% sobre seu portfólio a cada 12 meses? Seu dinheiro dobraria a cada dois anos – você pode começar com R$ 10.000,00 e se tornar milionário rapidamente – 13 anos para ser exato. Comece com R$ 100.000,00 e você estará lá em 7 anos.

18. Preste atenção em quanta curiosidade esta carta gera

Caro Gustavo,

Poderia um terço dos milionários estar errados?

19. Ganhar dinheiro em um nicho específico
(nesse caso, computadores)

Caro Amigo,

Se não estamos enganados, você já está familiarizado com nossos computadores e como usá-los.

Nós acreditamos que você também está interessado em usar seu "know-how" de computadores para melhorar sua vida.

20. Escrito em qualquer momento que há uma "crise", essa carta atrai muito mais.

Caro Amigo,

DAQUI A DOIS ANOS, seu negócio pode valer 2,5 a 25 vezes o que vale hoje... ou você pode fazer parte da lista de negócios falidos...

A escolha é sua.

21. Você pode explorar mais de um nicho e desejo do seu cliente em uma mesma carta de vendas.

Caro leitor:

Você sabia que a performance de cartas de baseball no longo prazo supera ações e moeda raras?

22. Você pode iniciar sua carta de vendas retirando uma objeção.

Nesse caso específico, havia uma promoção especial para conseguirem uma Enciclopédia por um custo baixíssimo.

Caro Amigo,

Se dinheiro não fosse problema, você teria uma Enciclopédia Britânica?

23. Ressalta o sentimento de pertencer a algo único e exclusivo.

Caro Amigo:

Os membros da Sociedade Nacional de Audubon constituem apenas uma pequena fração de 1% da população americana.

Mas é uma fração muito importante.

24. Personalização é um dos grandes segredos para o sucesso.

Caro Gustavo Ferreira:

O Editor da [publicação] me pediu para fazer uma oferta especial de assinatura para um pequeno e seleto grupo de profissionais de marketing e publicidade. Seu nome foi enviado como um dos qualificados.

25. Esta é sua chamada "coringa" para usar em qualquer situação.

Caro Amigo,

Se você quer perder até 28 quilos, então aqui está como fiz isso no Japão e porque acredito que você pode fazer o mesmo na América.

26. Uma variação da headline coringa.

Caro Amigo:

Se você quer fazer muito dinheiro RÁPIDO em ordens de correio – diretamente da sua casa, e fazer isso agora – aqui está como fiz isso várias vezes no Oriente.

E porque acredito que você pode fazer o mesmo na América com a informação que vou dar a você.

Essas "frases de abertura" são ótimas referências para você iniciar suas comunicações.

E agora, para fechar este capítulo, aqui está um checklist de pontos importantes para seu lead:

1. **Você está reforçando a promessa principal nas primeiras 500-700 palavras da sua mensagem de vendas?**
2. **Use uma "linguagem inclusiva"** (por exemplo: empresários inteligentes como você).
3. **Retire objeções.**

No meu exemplo do Programa Elite, uma objeção é "já tentei e não deu certo".

Respondo isso com: "posso transformar sua lista de e-mails em uma máquina de vendas".

Antecipe pelo menos duas objeções comuns no seu produto ou serviço, e já resolva isso na sua abertura.

4. Abra ganchos e atice a curiosidade

Lembre-se que você precisa sempre abrir e fechar "circuitos" na sua mensagem.

Por isso, procure abrir pequenos ganchos na sua mensagem para que seu cliente fique até o final para descobrir a informação completa. Uma estratégia que uso algumas vezes é de criar uma sub-headline com algo como:

"E você pode ver tudo isso até mesmo de graça se você quiser."

Essa possibilidade de acessar o material "de graça" significa que o cliente pode pedir o dinheiro de volta depois de 30, 90 ou até 365 dias depois da compra, sem nenhuma pergunta.

E deixo para fechar esse loop apenas nos momentos finais da minha comunicação.

Exercício: Releia as chamadas e crie o melhor gancho para sua carta de vendas.

Como você pode chamar a atenção para que seu leitor continue lendo o que você tem a escrever?

7 Passos para Escrever Copys Vencedoras

Estamos chegando agora na "cereja do bolo".

Até agora você já viu alguns modelos de headlines persuasivas, viu alguns modelos de cartas de vendas e viu algumas formas diferentes de iniciar suas próprias cartas de vendas.

O que tudo que você viu até agora tem em comum?

Revise as headlines... (vá lá, eu espero).

Elas possuem algumas características gerais:

- São específicas ("10 Maneiras Mais Rápidas")
- Geram Curiosidade ("A Criança que Ganhou o Coração de Todos")
- Ativam Desejos ("Para Homens que Querem Deixar o Emprego um Dia")
- Ativam Medo ("O Erro Mais Caro da Sua Vida")

Existem várias "fórmulas" para você escrever headlines, porém estes elementos permanecem: <u>Especificidade</u>, <u>Curiosidade</u>, <u>Desejo</u> e <u>Medo</u> são, geralmente, os ingredientes mais usados quando você escreve headlines. São os gatilhos mentais usados na prática (a teoria deixarei para outro livro).

Lembre-se que o objetivo da headline é sempre prender a atenção do seu leitor.

Lembra-se dos inícios de cartas de vendas?

Elas também possuem os mesmos ingredientes para fazer você continuar lendo.

Despertam curiosidade... desejo... medo... e são específicas nas descrições.

Agora, olhe novamente as cartas de vendas...

Elas possuem os mesmos ingredientes. E conforme as cartas se desenvolvem, reforçam a expectativa e desejo.

E no final, praticamente todas trabalham com escassez para fazer você tomar a ação de completar o pedido.

Além da escassez, há ordens claras: "envie agora", "ligue agora", "peça agora"...

São as chamadas de ação, que usadas na hora certa vencem a "inércia" que impede o cliente de comprar.

Nos próximos capítulos darei um guia com 52 passos para você escrever uma carta de vendas completa.

Porém, lembre-se que o fundamento é o mesmo. A estrutura é a mesma.

Sempre que você escrever uma carta de vendas, ou qualquer comunicação que tenha como objetivo gerar vendas, você precisa seguir os seguintes passos:

1. Diga algo que **chame e prenda a atenção** (headlines, subtítulos e o início da carta).
2. Diga **porque eles devem se interessar** no que você diz (uma história com o desejo a ser alcançado).
3. Diga **porque eles devem acreditar** que o que você diz é verdade (construa sua autoridade no assunto).
4. **Prove** que é verdade (prova social, prova de resultados).
5. **Descreva especificamente** o produto e liste todos os benefícios.
6. Diga **como deve ser feito o pedido.**
7. Diga para **fazerem o pedido <u>agora</u>.**

Siga essa estrutura em sua comunicação e você terá todos os ingredientes necessários para conseguir gerar mais vendas.

Veja as cartas de vendas que apresentei anteriormente bserve que quase todas elas seguem esta estrutura.

É uma extensão da sequência "Problema, Agite e Solucione".

Siga essa sequência e você terá resultados.

Por isso sempre digo que o segredo está na simplicidade.

Na próxima página há um pequeno exemplo que você pode usar como referência. Esse exemplo é uma pequena parte de um dos meus produtos, as Cartas de Ouro para Empresários.

Você pode ver a carta de vendas atual no endereço https://copycon.com.br/cartas-de-ouro. Ela está sempre em constante modificação, e em um ano, com apenas uma assinatura de R$ 9,95 por mês, gerou mais de R$ 10 mil de faturamento.

E para você ir mais fundo nas minhas estratégias completas de copy, veja também o Programa Elite (https://copycon.com.br/em-elite)

1. Headline. (exemplo)

Segredo Revelado: Como Construir um Negócio Sólido, Lucrativo e Escalável que Gera Mais de R$ 2.420,00 por Mês em 6 Meses SOMENTE Com Tráfego Orgânico... Método Garantido e Testado!

2. Porque prestar atenção.

(Perceba como construo autoridade sendo específico. Eu poderia também colocar uma imagem provando o que acabei de falar)

Caro Amigo,

Se você quer um criar uma empresa e tem pouco dinheiro para investir, esta pode ser a mensagem mais importante que você vai ler até agora.

Aqui está porque:

Meu nome é Gustavo Ferreira e em 4 meses construí, sem <u>nenhum</u> investimento, mais de mil visitas por mês em meu site e gero um faturamento de mais de R$ 2.420,00... no piloto automático.

3. Porque eles devem acreditar.

Nos últimos quatro anos me dediquei a conhecer as melhores estratégias de negócios e mergulhei fundo no mundo do marketing de resposta direta e do marketing digital.

Depois de centenas de erros e acertos, descobri como orquestrar as melhores técnicas de marketing com as estratégias de negócios mais poderosas que conheço.

Lançamentos, funis, SEO, mídias sociais, e-mail marketing, growth hacking, copywriting... conheci todas essas técnicas e criei um passo a passo para o sucesso. Para o seu sucesso.

4. Prove que é verdade.

No último ano agreguei à minha consultoria essas estratégias de marketing... e meu último cliente conseguiu isto:

<imagem com resultados de tráfego orgânico e conversões de oportunidades>

Em meu próprio negócio online, consegui estes resultados:

<imagem com meus próprios resultados>

<depoimentos>

5. Descreva especificamente o produto e liste todos os benefícios.

E por isso, preparei para você algo especial.

Compilei toda a minha experiência de negócios em 52 lições poderosíssimas.

E você pode acessar agora a minha biblioteca pessoal, o meu tesouro pessoal para você ter um posicionamento único no mercado, atrair uma avalanche de tráfego e multiplicar o seu resultado em conversões.

Você pode acessar agora, as minhas...

Cartas de Ouro para Empresários

Nelas você vai aprender:

1. O Passo a Passo para Começar um Negócio Sólido do Zero;
2. Como Montar um Modelo de Vendas Recorrente e com Ticket Mais Alto;
3. Acompanhar a Métrica #1 Mais Importante do Seu Negócio;
4. A Maneira Mais Simples, Lógica e Poderosa para Saber o que Seus Clientes Querem Comprar de Você;
5. <listar todos os benefícios>

6. Diga como deve ser feito o pedido. (note que além de falar como fazer o pedido, adiciono os bônus após o preço)

Para você acessar as 52 Cartas de Ouro para Empresários, você precisa investir apenas em uma pequena mensalidade de R$ 9,95 e receberá uma lição por semana.

Apenas faça seu pedido agora clicando no botão amarelo aqui embaixo e complete seus dados normais de pagamento pelo PagSeguro.

Você ainda tem acesso à garantia INCONDICIONAL de 30 dias.

Só posso ficar com seu dinheiro se você ficar 100% satisfeito com o que receber, e basta enviar um único e-mail que devolvo todo seu dinheiro, na hora.

Acesse agora porque você está fazendo isso sem risco algum!

Assim que nossa equipe receber a confirmação de pagamento você terá seu acesso liberado.

Além das 52 Cartas, você também terá acesso a:

- Dezenas de vídeos entrevistas com especialistas sobre negócios, tráfego e conversão;
- Grupo de Mastermind fechado no Facebook;
- Perguntas e Respostas Mensais (e você pode acessar todas as perguntas já feitas até o momento);
- 6 Estudos de Caso;
- Consultoria de 30 minutos comigo sobre seu negócio.

E você também terá a oportunidade de participar de um **evento ao vivo**, exclusivo para os membros da Família de Empresários de Ouro!

Sim, e tudo isso por apenas R$ 9,95 por mês.

Entre agora para nossa família!

Quero Ser Um Empresário de Ouro

7. Diga para fazerem o pedido <u>agora</u>.

Esta é uma oportunidade única de estar em contato direto comigo e criar um negócio sólido, lucrativo e escalável, que trará tranquilidade e segurança para você e sua família.

Acesse agora as Cartas de Ouro para Empresários!

À Sua Riqueza e Felicidade!

PS: esta oferta com todos estes bônus expira em <data>, portanto, a hora de você agir é agora!

Exercício: Revise os 7 passos. E seguindo o exemplo que acabei de fornecer, escreva sua própria carta de vendas.

Não precisa sair perfeita. Mas assim que você começar a escrever... já estará vários passos à frente rumo ao seu sucesso.

Roteiro de 52 Passos

Agora que você já entendeu a "visão geral" de como escrever cartas de vendas, este é um modelo para você seguir quando quiser escrever as suas próprias.

Existe apenas este modelo de cartas de vendas?

Não. Porém, este é um modelo que funciona.

Você pode usá-lo tanto para vídeos de vendas quanto para cartas "clássicas" de venda. É um modelo muito similar ao apresentado por Jon Benson, que é o "pai" dos vídeos de venda atuais (aqueles "feios" apenas com o fundo branco e as letras pretas).

Nas próximas páginas você terá o roteiro detalhado que sigo para escrever boa parte das minhas cartas de vendas e em seguida darei um exemplo de uma carta que seguiu exatamente esta sequência e faturou mais de R$ 130 mil.

Roteiro de 52 Passos

- Atenção Instantânea
  - Quebra de padrão (headline, ou uma chamada forte, ou uma imagem estranha)
  - Promessa de benefício
- Conexão
  - História (Jornada do Herói)
    - Mundo Comum
    - Chamada à aventura
    - Recusa ao chamado
    - Encontro com mentor

- Travessia do umbral
- Testes, aliados e inimigos
- Aproximação do objetivo
- Provação máxima
- Conquista da recompensa
- Caminho de volta
- Depuração
- Transformação
- Grande Problema
- Maior Solução
    - 3 Dicas Excelentes
    - Qual o desejo, qual o resultado
    - Qual o sentimento-chave
- Oferta
    - Produto
    - Aponte para o sucesso
    - Funciona mesmo se
    - Retorno do herói
    - Entre para o clube
    - Qualificação (resultados mágicos = saia)
    - Ênfase (o que é)
    - O que não é
    - Para quem não é
- Preço
    - Preço âncora
    - Bônus
    - Cortar o preço
    - Preço real
    - Garantia tripla
- Chamada para ação
- Mostrar o produto
- Testemunhos
- Mostrar os passos para a compra
- Dor e prazer

- Reforçar o sentimento de frustração
- Mostrar que pode ser mais fácil
- Reforçar a responsabilidade da decisão
• Imaginando o futuro
  - Imagens
  - Sons
  - Tato
• 3 Razões para agir agora
• Perguntas e respostas

Agora que você já viu os passos, veja este modelo de carta de vendas para um congresso online realizado em 2014. Entenda que você não precisa necessariamente seguir à risca os passos porque este é um modelo.

Escreva seu próprio vídeo de vendas seguindo o modelo e você já terá uma carta de vendas poderosa nas mãos. Mas lembre-se, você só consegue vender algo para seu cliente se realmente conhecer a necessidade dele!

Por isso, volte ao capítulo anterior e reveja a definição do avatar e não comece enquanto não conseguir responder todas as questões.

Você precisa ir fundo na mente do seu cliente e sua carta de vendas fluirá naturalmente.

O segredo para uma carta de vendas matadora é:
1. Conhecer seu público
2. Ter uma oferta irresistível
3. Seguir um modelo que funciona

Você tem tudo isso em mãos agora.

Entenda que um dos grandes segredos para cartas e vídeos de vendas matadores, além dos ingredientes principais de oferta irresistível, é conhecer a fundo o seu público-alvo, e falar com ele pelo meio correto. É uma técnica chamada "abertura de loops". Veja, não adianta aplicar essa técnica se você não tem os ingredientes anteriores.

A técnica de abertura de loops é como você "segura" a sua audiência.

Imagine o seguinte: segurar um celular na mão é pesado?

Não, não é mesmo?

Mas… e se você segurar um celular na mão com o braço esticado durante duas horas?

O princípio dos loops é o mesmo.

Você gera tensão e ansiedade e precisa liberar no tempo certo, senão você perde sua audiência.

Como funciona isso na prática?

A forma mais comum é a seguinte:

"Veja atentamente este vídeo até o final porque vou revelar algo que irá mudar sua vida."

Você abriu o loop "até o final". Este já é um comando simples para sua audiência ficar com você.

Outra forma poderosa é muito usada pelo Jon Benson da seguinte forma:

"Veja, este aqui é um canguru. E nos próximos 5 minutos você vai entender porque este canguru é a chave para você construir um negócio sólido."

Você usa um gancho no começo da sua carta de vendas, e "fecha" o loop antes de apresentar sua oferta.

Eu não gosto desse modelo de criar ganchos estranhos (como um canguru), mas funcionam. Lembre-se apenas que precisa fazer sentido.

Preste atenção em alguns elementos importantes:

"Nos próximos 5 minutos" faz você ganhar tempo (mesmo que seu vídeo tenha 50 minutos).

"Você vai entender porque". Você abriu o loop para que sua audiência fique "presa" com você.

Isto é muito poderoso porque o nosso cérebro precisa, literalmente, "fechar circuitos". Enquanto não tivermos a informação completa, é como se o cérebro ficasse apreensivo.

Outra forma de usar isso é no meio do vídeo ou da carta de vendas você falar *"agora continue vendo porque há ainda algo surpreendente que você não sabe"*.

Perceba que você abriu outro loop, atiçou a curiosidade e novamente prende a sua audiência porque ela se sente "excluída" de algo que outros já devem saber.

Sim, tudo isso que estou falando são gatilhos mentais aplicados na prática.

A teoria é muito chata. :)

O verdadeiro segredo para cartas e vídeos de vendas matadores é juntar tudo que você viu até agora.

1. Conheça seu público;
2. Crie uma oferta irresistível;
3. Siga um roteiro (de 6, 7 ou 52 passos, ou outro que você tenha);
4. Bônus: encontre a Grande Ideia por trás da sua solução.

E "apimente" tudo com os gatilhos mentais, loops, e a linguagem do seu cliente.

Mostre o máximo de benefícios que seu cliente receberá, descreva o futuro e traga este futuro para o presente.

E um último aviso muito importante...

Com o grande volume de serviços vendidos através da internet (e de serviços "normais", físicos), você precisa ser <u>específico</u> e <u>provar</u> o que você fala.

Junte tudo isso e sua comunicação tem 80% de chance ser um sucesso.

Na próxima página, confira uma carta de vendas para um congresso online que gerou R$ 130 mil em vendas.

ATENÇÃO / PROMESSA DE BENEFÍCIO

Olá, aqui é o xxx, Coordenador do xx.

Seja muito bem-vindo! O Congresso acontecerá dos dias x a x de novembro, e todas as transmissões das 40 palestras durante o congresso serão gratuitas.

Fique atento aos e-mails que você receberá toda a programação diariamente, ok?

Agora quero fazer uma pergunta para você que está aqui comigo e que se inscreveu para o xxx. O que você busca? (pausa dramática)

Você está em busca da sua realização pessoal, da sua missão de vida? De alguma forma você foi atraído até aqui.

Você sabe que quando o aluno está pronto o mestre aparece... e fique comigo até o final para ver como hoje você tem 40 grandes professores prontos a lhe ensinar para que você alcance a transformação na sua vida que você tanto merece!

Para você que já é terapeuta ou que deseja ser um, nesse vídeo você vai descobrir como você pode se consolidar nesse mercado como profissional, e como todos esses 40 especialistas estarão à sua disposição para transmitir todo seu conhecimento.

Quero dividir com você como nosso sonho de fazer um Congresso Nacional se transformou nesse grande projeto...

Mas antes quero contar para você um pouco da minha história e porque decidimos criar o xxx!

CONEXÃO / HISTÓRIA

Eu venho do mercado financeiro, durante 35 anos trabalhei em um dos maiores conglomerados financeiros do mundo.

Uma carreira repleta de conquistas, mas o mercado financeiro, talvez você imagine, é um lugar desafiador, cheio de pressão, estresse, cobrança de metas, às vezes muito desumanas e cada vez maiores e inatingíveis.

Um pouco antes de virar administrador, tive um pequeno colapso e ganhei uma paralisia facial no dia em que estava sendo premiado!

Por causa desse presente que ganhei, tive meu primeiro encontro com as terapias complementares...

Eu era muito cético e não acreditava em nada... lá fui eu, com a cara toda torta, tentar de tudo para voltar ao normal. Fisioterapia, choques, remédios, nada resolvia...

Uma vez me indicaram para um tratamento "alternativo". E depois de tentar durante tanto tempo a medicina normal, você acha que acreditei? Claro que não! Passou mais tempo, mais remédios, mais choques...

Então vencido pelo cansaço, lá fui eu, cético, com a cara torta, nesse atendimento... "alternativo".

Acontece que em 3 dias voltei a sentir o meu rosto, e agora você acha que dei valor para essas "terapias"?

Mas é claro que não também!

Continuei trabalhando como um louco, até mais do que antes, e a pressão só aumentava. Mas percebi um momento que me fazia sempre me sentir feliz: quando conheci a PNL e virei educador corporativo, e quando orientava meus colegas e os ajudava com suas dificuldades financeiras e pessoais, me sentia extremamente realizado!

Durante esse processo, minha esposa virou terapeuta, equilibrou e organizou nosso lar com o Feng Shui, aplicava Reiki... e eu lá. No mercado financeiro.

Até que não aguentei mais e me aposentei. Sabe o que descobri? Que tinha a liberdade, mas faltava algo. Sempre estive ao lado das pessoas, ajudando, compartilhando, agora não podia mais.

E aí sim, comecei a entender tudo. Como eu via o bem que minha esposa fazia dentro e fora de nosso lar, resolvi que queria aprender tudo que pudesse sobre terapias holísticas. Eu era um exemplo vivo de que tudo funcionava mesmo quando não se acredita.

GRANDE PROBLEMA / SOLUÇÃO

Mas, pesquisando no Google, ao invés de esclarecer, só me confundi. Todas funcionam, mas como conhecer a base, aquela que apresenta mais estudos científicos? Por onde começar?

Onde encontrar o profissional, o curso certo? O desejo foi crescendo, junto com a confusão, até que veio a ideia de criar o xxx. Um congresso de terapias, reunindo os melhores profissionais para ajudar também outras pessoas a entender como tudo isso funciona, um roteiro para quem quer ser terapeuta e também atualização para quem já é.

E além das terapias, também percebi que precisava fazer algo a mais para você... muitos terapeutas são excelentes em seu trabalho, e acredito que você também é! Mas acontece que além de existir uma variedade de técnicas diferentes, você também precisa aprender a vender seu trabalho, aprender a cobrar dos clientes e até mesmo fortalecer sua própria missão pessoal!

E se você tem dificuldade com qualquer uma dessas coisas que falei, fique tranquilo, porque A CULPA NÃO É SUA!

Essas coisas não são ensinadas e muitos sonhos literalmente morrem na praia porque boa parte dos terapeutas não tem a base necessária para que possam sustentar seu trabalho. E como talvez você também sofra um pouco com isso, preste atenção em cada palestra que você não pode deixar de fazer de forma alguma!

QUAL O DESEJO, RESULTADO / SENTIMENTO-CHAVE

Tenho certeza que apenas em aplicar essas dicas no seu dia a dia você já começará a ter muitos resultados excelentes. Você conseguirá ter mais clientes, e terá a certeza de estar trilhando o caminho da sua realização pessoal.

E assim você NUNCA MAIS precisará ficar preocupado com quanto cobrar e todos os dias estará motivado para continuar fazendo o que você mais gosta e, principalmente, podendo ser livre.

Hoje posso falar com toda certeza, do fundo do meu coração...

Depois que você encontra seu propósito de vida e consegue fazer o que você mais gosta, não há dinheiro que pague... sua satisfação se torna tão grande ao ver seus clientes obtendo resultados que não é mais o dinheiro ou a fama que vão fazer você se manter no caminho das terapias.

OFERTA

E é por isso que surgiu o xxx. Para fortalecer o seu trabalho como terapeuta em todas as áreas, tanto na parte técnica, com você aprendendo mais sobre diversas terapias, como também na parte motivacional e gerencial.

Estou realmente comprometido para que você aprenda mais sobre x terapias, você também fortalecerá a sua motivação e aprenderá alguns princípios essenciais para controlar suas contas.

E você vai se beneficiar de tudo que temos para oferecer mesmo que já esteja no mercado há anos ou se ainda está preparando sua caminhada! Acredite, é muito mais fácil do que você imagina!

Venha participar desse congresso que reuniu 40 grandes nomes para trazer o que há de melhor para você!

O Congresso está baseado em três pilares:

O 1º Pilar: inspiração, o auxiliará na sua missão de vida e o seu equilíbrio pessoal como terapeuta.

O 2º Pilar: desenvolvimento, trará muitas informações riquíssimas sobre diversas técnicas terapêuticas para você conhecer ou se aprofundar.

E o 3º Pilar: conquista, o auxiliará a se consolidar financeiramente, criar autoridade e noções de psicologia.

Este definitivamente é um marco na história das terapias no Brasil, e você faz parte disso! Este congresso foi feito realmente pensando em você!

Aqui não é um lugar de resultados mágicos, você sabe que é preciso estudo e dedicação. Você pode escolher apenas continuar na arquibancada da vida, vendo as oportunidades passarem ou pode vir agora fazer parte desse grupo de terapeutas comprometidos com a transformação pessoal e com o sonho de um mundo melhor!

Já fez sua escolha?

Então bem-vindo ao xxx!

Conheça agora nossos palestrantes. No 1º Pilar, os professores x, y, z vão ensinar você a ....

No 2º Pilar temos grandes professores, como x, falando sobre y, z falando sobre k, w falando j.

E todos eles trazendo muita informação para você! Teremos os palestrantes (a, b, c, d).

E no 3º Pilar os palestrantes x falarão sobre y.

Está vendo como esse Congresso realmente é um marco? Todos esses grandes nomes reunidos para trazer o que há de melhor para você!

E agora vou lhe mostrar a grande oportunidade que você tem agora de ter todos esses professores à sua disposição, agora você terá a chance de conseguir o ingresso a uma área de membros exclusiva e restrita onde terá acesso a todas as palestras gravadas para assistir onde e quando quiser e muito mais... veja...

APONTE PARA O SUCESSO / FUNCIONA MESMO SE / ENTRE PARA O CLUBE / QUALIFICAÇÃO

O xxx é o Primeiro e Único Encontro Online de Grandes Mestres Terapeutas comprometidos com sua transformação pessoal e consolidação como terapeuta.

Este Congresso é o lugar que você quer estar se quiser se tornar um grande terapeuta, mesmo que você:

– Já esteja há muito tempo na área.

– Não saiba nem por onde começar.

– Tenha muitos clientes.

– Tenha poucos clientes.

– Tenha pouco tempo.

– Já esteja consolidado como terapeuta.

– Ou mesmo se você "Já viu de tudo".

O QUE NÃO É / PARA QUEM NÃO É

E você também precisa saber o que o xxx não é... esse não é um encontro de pessoas que só vivem a teoria.

Não é um local onde os palestrantes só querem vender o trabalho deles para você.

Não é uma pílula mágica que vai transformá-lo da noite para o dia em um grande terapeuta.

Consegui reunir alguns dos maiores nomes que já estão no mercado há mais de x anos, já atenderam milhares clientes, e muitos têm suas escolas já consolidadas. Veja, preciso ser muito sincero com você, se você quer que alguém apenas lhe dê um certificado mágico que você será um terapeuta de renome...

Então o xxx não é para você.

ÊNFASE

Esse congresso é para terapeuta de corpo, mente e coração, e se você quer se tornar um terapeuta melhor, encontrar e fortalecer sua missão pessoal e ajudar muitas pessoas com seu trabalho, se sentindo sempre realizado... então o XXX não é apenas um congresso...

É o Maior e Mais Importante Evento Que Você Deve Participar e Fazer Parte na Sua Vida!

Nós tivemos que concentrar todo o Congresso em uma semana, e entendo que é difícil assistir a todas as palestras. Por isso, resolvemos lhe dar a chance de se tornar um Membro XXX e acessar todo o material gravado! E não é só isso, você também terá essas palestras em 3 formatos diferentes:

Além das gravações em vídeo, poderá baixar os áudios para escutar em casa, no trabalho, no carro, onde quiser. Também terá as transcrições para ler tudo na íntegra, fazer anotações e até mesmo montar uma apostila para quando não estiver perto do computador!

Nós pensamos em tudo para que você possa aplicar os conhecimentos na sua profissão o mais rápido possível!

ESPECIFICAMENTE NESTA CARTA VOCÊ PODE PERCEBER QUE COLOCAMOS OS BÔNUS <u>ANTES</u> DO PREÇO PORQUE JULGAMOS QUE FICARIA MELHOR

E atenção! Você ainda terá acesso a palestras exclusivas como a de fulano, falando sobre o tema x que é fantástico por x e y!

E ainda teremos bônus x de fulano que ensina a fazer a, b, c e d!

Parando aqui já estaria bom, certo? Mas ainda temos a palestra/o bônus x de sicrano falando sobre wxyz, e tal pessoa vai falar sobre isso, e outra pessoa sobre aquilo, e outro bônus fantástico é x, e beltrano vai dar outro bônus y.

Nós não medimos esforços para lhe entregar valor. É o maior e melhor Evento Online hoje que você pode encontrar.

Assistir a todas as palestras é uma garantia de dar um salto na sua formação como terapeuta.

E sei que o fato de estar aqui significa que você não é como a maioria das pessoas que desiste fácil dos seus sonhos! Você quer se fortalecer como terapeuta e ter a vida dos seus sonhos ajudando outras pessoas!

PREÇO ÂNCORA / CORTE DE PREÇO / PREÇO REAL

E agora você deve estar pensando quanto tudo isso pode custar.

A realidade é que para estudar com cada um desses mestres você investiria pelo menos R$ 5 mil em cursos, e ainda assim teria acesso a diversas informações soltas, sendo difícil juntar tudo de forma que faça sentido.

Se você tivesse que investir R$ 2 mil para ter acesso a tudo isso, já seria um investimento excelente!

Porém, eu sei que a maioria dos participantes do XXX não pode pagar R$ 2 mil...

Por isso não vou restringir seu acesso pelo preço, esse pacote vai ser mais barato do que você imagina...

Você não vai pagar R$ 5 mil, nem R$ 2 mil, na verdade nem metade de R$ 2 mil... para ter acesso a todas as gravações, transcrições, áudios e todos os bônus exclusivos, você pagará apenas R$ 397,00!

Isso mesmo! E ainda vou assumir todos os riscos dessa transação para você realmente ficar tranquilo e adquirir sem medo!

GARANTIA

Adquirindo agora o acesso Ouro, você tem minha garantia INCONDICIONAL de 15 dias! Se você não ficou satisfeito com o material ou se não gostou da cor da área de membros, é só enviar um e-mail para xxx que devolvo 100% do seu dinheiro, sem nenhum questionamento, sem enrolação, e a gente ainda pode continuar sendo amigos!

Faço isso porque realmente quero muito ajudá-lo na sua formação, então se você não se sentir absolutamente satisfeito com esse material, não mereço seu dinheiro, e nesse caso, por favor, peça sua garantia.

CHAMADA PARA AÇÃO

A responsabilidade e a escolha agora é sua! Adquira agora seu ingresso, você não tem risco nenhum e já poderá acessar todo material imediatamente!

Portanto, meu querido amigo terapeuta, agora é a hora de você fazer sua escolha! Escolha ser um terapeuta extraordinário e venha estudar com todos esses grandes professores que deram verdadeiras pérolas de sabedoria para você!

E lembre-se que você só poderá adquirir o acesso ao congresso até o dia x, porque teremos que fechar o carrinho para poder dar toda a atenção a você que adquiriu o acesso!

Um grande abraço e vejo você no portal! Até lá!

15
Lições de
Gary Halbert

Agora que estamos chegando ao final deste livro, quero compartilhar com você algumas lições que aprendi estudando a vida e o trabalho de Gary Halbert.

Os maiores copywriters do mundo dizem que "todos os caminhos levam a Gary Halbert", de tão influente que foi o seu trabalho.

Você pode acessar o site dele, http://thegaryhalbertletter.com/, e estudar tudo que ele deixou. Cada carta é uma aula de copywriting e de negócios.

As 15 lições que você conhece a seguir são simples, porém é um pequeno presente depois de vários meses estudando e aplicando o que aprendi com esse grande gênio que merece todos os elogios.

1. Coloque uma moeda de 1 centavo no topo de suas cartas de vendas.

Veja as cartas de vendas que estão neste livro.

Você precisa chamar a atenção do seu cliente e quase sempre fazemos isso com headlines.

Porém, em alguns casos (como a carta do "Coat-of-Arms"), se existe uma headline as pessoas saberão que é uma venda, e é uma exceção à regra.

Lembre-se que você pode usar de artifícios diferentes (como moedas, notas, ou mesmo imagens estranhas) para chamar a atenção do seu cliente.

2. Dê seu melhor tiro quando testar algo pela primeira vez.

Quando você está começando um novo projeto, e precisa economizar o máximo de tempo e dinheiro, faça seu melhor.

Por exemplo, para testar uma nova oferta escrevi uma das minhas melhores cartas de vendas para minha melhor lista de clientes. O retorno foi muito baixo, então decidi não investir mais tempo nesse projeto.

3. Coloque muita paixão na sua copy.

Você deve escrever com paixão.

A maioria das vezes que os resultados são abaixo do esperado é porque você não está realmente interessado no tema.

Isso é muito importante. Pegue projetos que você realmente tenha paixão e sua chance de sucesso aumenta muito.

4. Você deve *pessoalmente* estar em contato com seus clientes.

Seus clientes confiam em você. Pagaram para estar com você. Quando você está em contato direto com eles, sabe muito melhor as reais necessidades deles, e pode servi-los cada vez melhor.

5. Use subtítulos.

O papel da sua headline é chamar a atenção.

Se você usa uma carta de vendas escrita, a maioria das pessoas irá apenas "escanear" os pontos principais.

Use subtítulos para destacar os pontos principais da sua carta de vendas.

6. Faça todos seus anúncios parecerem editoriais.

Você já leu uma revista e um artigo que foram patrocinados por uma empresa? Provavelmente estavam marcados como "publieditorial".

A palavra da moda hoje é "anúncio nativo".

Você precisa criar uma comunicação de vendas que não pareça uma venda.

7. Use a fórmula de 7 passos quando escrever sua carta de vendas.

É muito mais fácil você começar a partir de uma estrutura préformatada (e provada que funciona) do que começar do zero.

8. Escreva rápido quando estiver escrevendo seu primeiro rascunho.

Não se preocupe em escrever perfeito da primeira vez.

Escreva rápido para as ideias começarem a vir. Depois que você escreve seu primeiro rascunho, volte no dia seguinte para fazer a revisão.

9. Use concursos.

Isso gera leads e engajamento social enorme.

10. Não se preocupe em ofender cachorros, se preocupe em vender raposas.

Mantenha sempre a ética e a verdade, mas o mais importante quando escrever suas cartas de vendas é você vender.

Imagine que você é um vendedor de raposas...

Uma headline que eu testaria seria a seguinte: "Seu cachorro não faz isso".

Entenda que não é mentir ou ofender, mas algumas vezes você pode (e precisa!) de algumas licenças poéticas para conseguir ter uma carta que se sobressaia.

11. Uma estrela, uma história e uma solução são os 3 ingredientes necessários para um show de TV (e para criar uma história envolvente em qualquer meio).

Conte a história certa para o público certo, e você terá conversões enormes.

Quando você pensar em sua história, invista tempo criando o personagem. Quem ele é, por que age desse jeito?

Esses são alguns pontos importantes para criar uma história empolgante.

12. Use o modelo AIDA quando escrever sua copy (Atenção, Interesse, Desejo e Ação).

Você precisa chamar a Atenção do seu cliente (geralmente através da headline), fazê-lo se Interessar (geralmente através da história), fazê-lo Desejar sua solução (o "ápice" da história), e por fim, Agir para comprar seu produto.

13. Use o nome do seu cliente nas suas headlines.

Quanto mais você criar comunicações personalizadas, mais você conseguirá vender.

14. Colha headlines com frequência.

Sempre que você encontrar uma headline que chame sua atenção, guarde-a em uma lista para usar como referência e inspiração depois.

15. Sempre crie uma lista de fatos, uma lista de benefícios e a melhor oferta possível antes de sentar para escrever sua copy.

Quanto mais você conhecer do seu produto, melhor.

Anexo 1:
Como Montar
uma Oferta Irresistível

Este capítulo na verdade é uma das minhas Cartas de Ouro para Empresários quase na íntegra.

Esta carta é uma das minhas preferidas porque abordo justamente um dos pilares fundamentais do seu modelo de negócios, seja online ou off-line.

E quero compartilhar com você agora este pequeno presente que fará toda a diferença na estruturação do seu negócio e das suas cartas de vendas.

Aliás, fazer o que proponho nesta carta é fundamental, antes que você escreva qualquer palavra da sua carta de vendas.

Você só consegue vender qualquer coisa se conhecê-la a fundo.

Algumas coisas que menciono nessa carta já abordei nesse primeiro livro, e você vai perceber como as coisas se "amarram".

Este é um presente especial valiosíssimo, aproveite!

Caro Amigo e Empresário de Ouro,

Assim que você terminar de ler esta carta, você terá 20% do que precisa para alcançar 80% dos seus resultados em vendas.

E não importa se é um produto físico, um produto digital ou um serviço.

Agora você vai aprender o que faz as pessoas comprarem.

Sim, isso mesmo. Essa carta vai lhe ensinar a fazer as pessoas comprarem o que você oferece.

(repare que não falei fazer você vender...)

Dependendo da sua escola ou da sua faculdade, é provável que você já ouviu falar da Pirâmide de Maslow.

Maslow colocou no desenho de uma pirâmide as necessidades das pessoas em 5 categorias:

- Necessidades Fisiológicas (comer, dormir, etc.).
- Necessidades de Segurança (do corpo, emprego, recursos, saúde, etc.).
- Necessidades Sociais (amizade, família, relacionamentos, etc.).
- Necessidades de Estima (autoestima, conquista, respeito, etc.).
- Necessidades de Autorrealização (moralidade, criatividade, espontaneidade, etc.).

Surgiram variações, complementos e críticas a esse modelo, mas o que importa para nós é: isso faz sentido.

A melhor forma de você vender algo para alguém é quando ela está faminta pela solução que você oferece.

Entendeu?

Vou repetir:

A melhor forma de você vender algo para alguém é quando ela está faminta pela solução que você oferece.

Anexo 1: Como Montar uma Oferta Irresistível

Se eu falar para você que é importante visitar seu oftalmologista anualmente porque prevenir é importante, pode até ser que você vá, mas há uma chance muito pequena de que isso aconteça.

Por quê? Porque <u>prevenir</u> não faz parte da nossa cultura.

Agora... se você acordar com o olho completamente vermelho, coçando e mal conseguindo mantê-lo aberto, você vai correndo ao seu oftalmologista de confiança (ou caso não tenha um de confiança, em qualquer um).

Consegue entender a diferença sutil?

É claro que pessoas compram "prevenção", mas é muito mais difícil.

As pessoas procuram soluções imediatas para problemas imediatos. E é aí que a mágica acontece.

(É tão gostoso ver uma confirmação de venda :)).

Agora vamos continuar no exemplo do oftalmologista. Existem <u>milhares</u> de oftalmologistas. Assim como existem milhares de terapeutas, vendedores de roupas, vendedores de vinhos e praticamente em todos os nichos existem pelo menos dois concorrentes. Então, vamos começar a amarrar as pontas.

Se você está em um mercado com dezenas, centenas, milhares de concorrentes... o que faz você se diferenciar?

Primeiro, **seu posicionamento único.** Como você se posiciona no mercado e como se apresenta perante seu cliente. Lembra-se da 1ª carta? Qual seu posicionamento único?

Em segundo lugar, se você tem seu posicionamento diferenciado, e você sabe **o que seu cliente precisa** (lembra-se da 2ª carta?)... você apresenta uma oferta única, diferenciada e exclusiva.

Lembre-se que o segredo está na simplicidade.

Porém, agora vamos continuar e responder à pergunta fundamental: como criar uma Oferta Irresistível?

Existem dois componentes que são fundamentais para tornar você único.

O primeiro é especificidade.

Vou começar pelo mais simples e vou evoluindo, ok?

O que você acha que chama mais a atenção?

"Sessão de Reflexologia"

Ou...

"Sessão de 40 Minutos de Reflexologia (massagem nos pés)"

Se você acha que a segunda chamada chama mais a atenção, acertou. Porque ela é mais específica (por isso você encontra vários números "específicos" por aí). Porque isso gera credibilidade.

Agora, vamos evoluir a especificidade.

O que você acha melhor?

"Sessão de 40 Minutos de Reflexologia (massagem nos pés)"

Ou...

"Sessão de 40 Minutos de Reflexologia com 20 minutos de massagem em cada pé, com creme antialérgico" (eu sei reflexologistas, vocês não usam creme, mas isso é um exercício :)).

Se você acha a segunda frase melhor, novamente acertou. porque ela é ainda mais específica.

Veja, quando você vai a uma loja comprar uma lata de tinta, você sabe <u>especificamente</u> o que está buscando. É uma lata de tinta de 20 L da marca X da cor branca. Você vê, você toca, é mais fácil. Se você vende um produto físico, lembre-se também que você precisa ser específico no que seu produto é e faz.

Por exemplo, no mundo digital estamos acostumados a ver páginas de captura, certo? Muitas dessas páginas oferecem e-books ou vídeos em troca do e-mail.

Imagine um e-book sobre alimentação saudável. O que converte mais?

"Guia de Alimentação Saudável"

Ou...

"Guia com 5 Alimentos para Você Emagrecer e Aumentar 50% Sua Imunidade"

Ou ainda...

"12 Alimentos que Todo Diabético Pode Se Esbaldar de Comer Porque São Muitos Gostosos, Controlam a Glicemia e Você Nunca Ouviu Falar Deles (e o #3 é meu preferido)"

Até eu que estou longe de ser diabético fico com vontade de saber quais são esses alimentos. Porque <u>especificidade gera curiosidade</u>.

Talvez você já ouviu que é bom trabalhar o medo e a dor das pessoas para elas tomarem ação. A realidade é que você sempre precisa testar porque nem sempre o medo é o único impulsionador para ação. A curiosidade <u>geralmente</u> bate o medo.

Faça o teste.

Agora, um serviço você não consegue "tocar". Por isso ser específico é fundamental.

Então imagine que você vende um serviço de limpeza de janelas.

O que será que converte mais?

"Limpo janelas"...

"A melhor limpeza de janelas da região"...

"Limpo janelas de prédios utilizando o produto X e a tecnologia exclusiva Deep Clean, que permite limpar 2 m² de janelas por minuto. Como uma janela média de prédio possui 5 m², em apenas 2,5 minutos ela é completamente limpa. Ou seja, em uma série de trabalho de 8h cada limpador é capaz de limpar até 192 janelas. Com nossa exclusiva tecnologia Deep Clean, nós conseguimos um valor diferenciado

de apenas R$ 3,00/m², o que gera um valor total de apenas R$ 2.880,00 para cada 192 janelas."

Veja, entre os 3 concorrentes eu escolheria o terceiro. Porque ele foi tão específico que já me tirou quase todas as dúvidas. Logo, confio nele. E se confio, até mesmo pago mais caro para ter um serviço bem-feito e de qualidade.

Consegue compreender isso?

Agora que já fomos específicos o suficiente para chamar a atenção. Precisamos seguir adiante e, o segundo ingrediente para uma oferta única, irresistível e diferenciada é...

Prova.

O que é prova? Que o que você está falando é real e funciona.

Lembro de uma página de captura (infelizmente não lembro o link), em que um golfista famoso aparecia em um vídeo e dizia mais ou menos assim:

"Olá, meu nome é fulano e veja isso."

Em seguida ele fazia uma tacada que colocava a bolinha praticamente dentro do buraco. Em seguida ele voltava ao vídeo e dizia: "Para saber como fiz isso, coloque seu e-mail abaixo."

Genial! Específico (tacada diferenciada de golfe) e prova (ele <u>mostrou</u> o resultado).

Para um golfista, esse vídeo é sensacional. Se não estou enganado ele conseguiu mais de 70% de opt-ins.

E esse é o poder da prova.

O que você vende funciona? Então prove.

Como você pode provar isso? Mostre gráficos de dados reais. Mostre pesquisas e estudos. Mostre depoimentos (a prova social, de outros falando que funciona, sempre é importante).

E se você puder demonstrar, como o golfista, faça isso. Promete redução de peso? Mostre antes e depois. Promete dinheiro? Mostre a conta antes e depois.

Há pouco tempo estava montando uma carta de vendas sobre uma cirurgia (viu como copywriting não é "vender pela internet?") e tinha algo "errado".

Ela estava linda, mas faltava a prova de que era real. Literalmente, alterei alguns parágrafos reforçando os feitos dos médicos, e a carta ganhou uma força enorme.

Veja, você precisa provar que o que está falando é real.

Lembra-se do vídeo do golfista? Ele provou que sabia do que estava falando.

Eu posso muito bem falar que sou multimilionário e você pode acreditar... ou mais provavelmente não acreditar.

Existe um gatilho mental que muitas vezes é ativado e "desliga" sua audiência por completo.

É o gatilho mental do *"Hum... sei."*

Alguns exemplos práticos:

De 0 a 1 milhão em 7 dias!

"Hum... sei."

Triplique suas vendas com uma palavra!

"Hum... sei."

Ganhe dinheiro sem trabalhar!

"Hum... sei."

Acho que você já entendeu, certo?

Então, como você desliga esse gatilho?

Primeiro, use o bom senso.

Promessas irreais desligam sua audiência.

Em seguida, seja específico. Talvez você se lembre dessa headline: "Empresário Revela: Como uma Empresa Cresceu de 0% a 42% em Vendas Online SOMENTE com Tráfego Orgânico em 6 Meses".

Específico... e real.

Agora, vamos prosseguir com minha própria headline das Cartas de Ouro.

Nessa carta de vendas falei que meu último cliente conseguiu mais de mil visitas orgânicas por mês, centenas de contatos e exposição massiva na mídia.

O que fiz? Coloquei um print de algumas telas e relatórios para provar os resultados.

Prove que você tem experiência e realmente sabe do que está falando. E tome cuidado para não ativar o gatilho mental do *"Hum... sei"*... porque quando isso acontece acaba sua chance de vender qualquer coisa.

Bem, você já entendeu que precisa ser específico e que precisa provar que o que você fala é real. Então agora você pode dar uma "turbinada" nisso! Entenda que meu trabalho é fazer você criar uma oferta irresistível agora. E vou lhe dar todos os elementos necessários para isso. Você só precisa começar.

(E você já pode ter resultados hoje, apenas com o que você está lendo aqui).

Conheço 29 formas de você turbinar sua "prova" e "autoridade"... e vou dar apenas 3 agora...

(Falarei as restantes em outra Carta de Ouro).

A forma mais simples de turbinar sua prova é com **prova social**. Sim, os famosos depoimentos.

Só que entenda uma coisa: com a expansão do marketing digital no Brasil, parece que a única coisa que os marqueteiros aprenderam a fazer é colocar depoimentos, e todos obviamente são fantásticos e falam bem do produto e do produtor.

Isso é legal, ajuda a aumentar a confiança... porém, está batido. Depoimentos são importantes e você deve continuar utilizando.

(Uma pessoa até sonhou com as Cartas de Ouro! Claro que coloquei como depoimento!).

Porém, hoje em dia, muitos depoimentos também podem ativar o gatilho *"Hum... sei."*

(Dica rápida: às vezes é legal você colocar um depoimento negativo, pense nisso).

E que outras formas existem para você continuar turbinando sua oferta?

Lembre-se, o segredo está na simplicidade. E vou repetir isso quantas vezes for necessário!

Uma outra forma muito simples de turbinar sua prova é com **termos de uso e privacidade.** Isso pode parecer estranho... porém, 99% das informações que o cérebro processa são inconscientes... e admita, acredito que é improvável que você seja tão estranho quanto eu e leia os termos de uso e privacidade de todos os sites.

Mas, inconscientemente, se você vir que um site tem termos de uso e política de privacidade, você fica mais tranquilo porque acredita que o site é mais sério.

Sim, nosso cérebro faz isso. Da mesma forma, se seu site roda em https (um protocolo de segurança), você pode colocar um selo também de "Site Seguro".

Todas essas pequenas coisas colaboram para aumentar a confiança no que você oferece.

E agora, a terceira forma de turbinar sua oferta é com **garantia.** Sim, a famosa garantia incondicional de 30 dias. A garantia possui alguns efeitos psicológicos interessantes. O primeiro é que dá a sensação de que você confia no que oferece, e permite o "teste" sem riscos. O segundo é que... as pessoas esquecem.

Sim, é bizarro, eu sei...

Mas é a realidade. Quanto mais longo o período de garantia, menor sua taxa de devolução, porque as pessoas esquecem.

E quanto menor seu período de garantia, maior a taxa de devolução, porque as pessoas vão "lembrar" que ainda estão no período de garantia.

O ideal é que você trabalhe com 60 dias de garantia para ter o mínimo de devolução. Algumas empresas (ainda chego nesse nível), dão garantia anual.

Sim, elas dizem: "Só podemos ficar com seu dinheiro se você estiver mais rico do que hoje daqui a um ano."

Aposto que a taxa de devolução deles beira o zero. Bem, e por que você deve <u>sempre</u> usar a garantia? Porque <u>dobra</u> sua taxa de clientes que aproveitarão sua oferta.

Acredito que esse argumento já é bom o bastante, certo?

Agora, <u>como</u> usar garantia do jeito certo?

Já dei o exemplo da Agora ("você mais rico ou seu dinheiro de volta").

Outros exemplos:

"Compre, e se não ficar 100% satisfeito com o conteúdo, devolvo seu dinheiro e você ainda pode ficar com tudo."

Ou meu favorito: *"Experimente por 1 semana, cobro depois, e ainda dou mais 30 dias."* :)

Capisce?

Com esses três elementos, você já tende a dobrar o seu número de clientes, isso é muito poderoso.

Existem mais formas de turbinar sua oferta, mas falarei delas depois.

(Dicas: casos de uso, tabela comparativa e conteúdo relevante).

Anexo 1: Como Montar uma Oferta Irresistível

Vamos revisar.

Até agora você já entendeu que precisa:

- Ser específico na sua oferta.
- Provar o que você oferece.
- Turbinar sua oferta com prova social, elementos visuais e garantia.

Tudo isso na verdade é o <u>segundo passo</u> para você montar sua oferta irresistível.

Veja, você só consegue vender o seu produto ou serviço se você o conhece. E tenho 90% de certeza que você não conhece. Não como deveria.

Qual a melhor forma de você realmente conhecer o que você vende?

Faça uma lista de fatos e benefícios.

Imagine que você vai vender um carro.

O que é um fato? Um fato é que o carro é vermelho. Que o carro é manual. Que o carro é velho. Que o carro tem motor 1.0.

E o que são benefícios? Que você vai chamar a atenção e deixar os outros com inveja. Que você vai sempre estar com sua coordenação motora em dia. Que você não precisa se preocupar com ladrões. Que é econômico.

Parece fácil?

Isso é crucial para seu sucesso em vender seu produto e serviço. Porém, **você precisa ir fundo**.

E como fazer isso?

Primeiro, pegue algumas folhas, pelo menos umas 10, e preencha todas elas com a maior lista possível de fatos e benefícios que conseguir.

Exatamente. Fazer a primeira folha é fácil, fazer 10, 15 folhas é o que separa os meninos dos homens quando o assunto é uma carta de vendas altamente persuasiva.

Fez a sua lista de fatos e benefícios?

Agora pense o seguinte: qual a melhor oferta possível?

Aqui já começamos a amarrar com o "segundo passo" (que vimos primeiro) de definir sua oferta específica.

Continuando o exemplo do carro, uma boa oferta pode ser: "Faça um *test drive* do carro por uma semana antes de pagar".

Pense um pouco "fora da caixa".

Feito isso, agora é hora do momento mais importante desse processo... Esqueça. Guarde tudo em uma gaveta e volte um ou dois dias depois (várias vezes eu volto somente depois de uma semana inteira). Porque você perde a emoção. Uma oferta que parecia ótima, pode não se mostrar tão forte quando você vê-la depois. Então você pode revisar, com a cabeça fria. E quando você começar a montar suas páginas de venda, ou suas páginas de captura, você já saberá:

- O que apresentar como gancho (que é derivado, ou mesmo a própria oferta).
- Quais fatos e benefícios mais relevantes (ignore os que não vão ajudar a vender).
- Como turbinar a sua autoridade e sua oferta como um todo (prova social, garantia, etc.).

Bem, então agora vamos amarrar tudo:

Na segunda carta você levantou as palavras-chave mais relevantes.

Imagine que você encontrou uma palavra-chave com um bom volume de buscas: "dieta saudável para diabéticos".

Anexo 1: Como Montar uma Oferta Irresistível

A ordem dos fatores é:

1. Crie um conteúdo relevante e otimizado (pode ser um artigo em seu blog). O título pode ser... "Dieta Saudável para Diabéticos" (viu como tudo é simples?).
2. Crie uma página de captura oferecendo um e-book (ou o que você preferir): "5 Alimentos Deliciosos que Todo Diabético Vai Adorar Comer Sem Restrições".
3. Ofereça sua oferta... "Livro Digital 112 Receitas Saudáveis e Deliciosas para Diabéticos".

Simples?

Veja, se você levantou as palavras-chave corretas (vou fingir que você fez isso ontem), hoje você pode criar um artigo, um e-book, uma página de captura simples e mostrar sua oferta.

Se você só compartilhar isso na sua linha do tempo no Facebook, é bem possível que hoje mesmo você já consiga construir uma lista e ter vendas.

Anexo 2:
Jornada do Herói

Você já se perguntou o que faz um filme ser um sucesso? Existem alguns modelos de histórias que simplesmente nos encantam, e a maioria dos filmes de Hollywood segue a receita da "Jornada do Herói".

Esse mesmo modelo pode ser usado em suas cartas de vendas para gerar conexão emocional com seu público. Fato é que 80% do processo de vendas é emocional, e uma boa história pode ser o que separa a sua empresa das outras.

Para competir com as grandes marcas estabelecidas, você precisa dominar a arte de contar histórias.

Trouxe aqui uma breve explicação do "passo a passo" da Jornada do Herói. Você pode adaptar esses passos para a história que você contar sobre seu produto e sua empresa.

Há outros modelos de histórias que você pode usar, mas essa é uma primeira referência e ideia para trabalhar.

(Fonte:http://www.revistafantastica.com.br/em-foco/a-jornada-do-heroi-os-12-passos-de-campbell/)

Passo 1 – Mundo Comum

O herói é apresentado em seu dia a dia.

- **Exemplo 1:** A história de *O Hobbit* começa com a apresentação do Condado e de Bilbo em sua toca-casa. Ou seja, a caracterização do personagem dentro de um ambiente normal para ele e para o seu mundo.
- **Exemplo 2:** Em *Harry Potter*, Harry nos é apresentando em sua vida comum, como um garoto morador de um porão debaixo da escada. Ele convive com os seu primos e tios malucos.

Passo 2 – Chamado à aventura

A rotina do herói é quebrada por algo inesperado, insólito ou incomum.

- **Exemplo 1:** Gandalf, o mago, aparece na porta de Bilbo e o convida para participar de uma aventura.
- **Exemplo 2:** Harry recebe uma avalanche de cartas trazidas por corujas, convidando-o a estudar em Hogwarts.

Passo 3 – Recusa ao chamado

Como já diz o próprio título da etapa, nosso herói não quer se envolver e prefere continuar sua vidinha.

- **Exemplo 1:** Bilbo recusa o convite de Gandalf, pois "não era respeitável para um hobbit sair em busca de aventuras".
- **Exemplo 2:** O tio de Harry faz esse papel e o proíbe de ir para a escola de bruxos.

Passo 4 – Encontro com o Mentor

O encontro com o mentor pode ser tanto com alguém mais experiente ou com uma situação que o force a tomar uma decisão.

- **Exemplo 1:** Por influência de Gandalf e de instintos herdados de sua família, Bilbo decide participar da aventura.
- **Exemplo 2:** Harry recebe a visita de Hagrid, o meio-gigante responsável por, digamos, escoltar Harry até Hogwarts.

Passo 5 – Travessia do Umbral/Limiar

Nessa fase, nosso herói decide ingressar num novo mundo. Sua decisão pode ser motivada por vários fatores, entre eles algo que o obrigue, mesmo que não seja essa a sua opção.

- **Exemplo 1:** Bilbo e seus companheiros de aventura se deparam com três trolls numa floresta. Bilbo, como ladrão "designado" pelo grupo, arrisca-se em descobrir mais sobre os trolls e até tenta roubá-los.

- **Exemplo 2:** Harry atravessa a parede do bar, que dá acesso ao mundo dos bruxos pelo beco diagonal.

Passo 6 – Testes, aliados e inimigos

A maior parte da história se desenvolve nesse ponto. No mundo especial – fora do ambiente normal do herói – é que ele passará por testes, receberá ajuda (esperada ou inesperada) de aliados e terá que enfrentar os inimigos.

- **Exemplo 1:** A aventura de Bilbo continua. Ele passa por Valfenda, a terra dos elfos, atravessa as Montanhas Sombrias, a Floresta das Trevas e a Cidade do Vale.
- **Exemplo 2:** Passam-se os primeiros dias em que Harry está na sua nova escola, num mundo diferente. Faz amigos e inimigos e descobre sobre a existência da pedra filosofal.

Passo 7 – Aproximação do objetivo

O herói se aproxima do objetivo de sua missão, mas o nível de tensão aumenta e tudo fica indefinido.

- **Exemplo 1:** Bilbo chega, finalmente, à Montanha Solitária, o covil de Smaug, o dragão.
- **Exemplo 2:** Harry e seus amigos passam por Fofo, atravessam a sala de chaves, vencem o Xadrez de Bruxo. Harry encontra o Professor Quirrell e Voldermort.

Passo 8 – Provação máxima

É o auge da crise – precisa dizer mais?

- **Exemplo 1:** Bilbo, sozinho, enfrenta o dragão, num diálogo no qual ele tenta descobrir as fraquezas do monstro.
- **Exemplo 2:** Apesar de ser um bruxo muito jovem, Harry enfrenta Quirrell com a magia de proteção que lhe havia sido imposta pela sua falecida mãe.

Passo 9 – Conquista da recompensa

Passada a provação máxima, o herói conquista a recompensa.

- **Exemplo 1:** Bilbo consegue retirar o dragão da Montanha Solitária e os homens da Cidade do Lago matam o monstro.
- **Exemplo 2:** Harry encontra a pedra filosofal e derrota Quirrell. Voldemort, enfraquecido, precisa se esconder novamente.

Passo 10 – Caminho de volta

É a parte mais curta da história – em algumas, nem sequer existem. Após ter conseguido seu objetivo, ele retorna ao mundo anterior.

- **Exemplo 1:** Bilbo se prepara para voltar para casa.
- **Exemplo 2:** Harry se recupera em Hogwarts e prepara-se para retornar ao mundo dos trouxas.

Passo 11 – Depuração

Aqui o herói pode ter que enfrentar uma trama secundária não totalmente resolvida anteriormente.

- **Exemplo 1:** Um exército de Orcs e Lobos Selvagens ataca os anões da Montanha, elfos da Floresta e os homens da Cidade. Acontece a Batalha dos Cinco Exércitos.
- **Exemplo 2:** Harry e seus amigos, pelos seus últimos feitos em auxílio a Hogwarts, somam pontos à casa Grifinória e vencem a disputa entre as casas.

Passo 12 – Retorno transformado

É a finalização da história. O herói volta ao seu mundo, mas transformado – já não é mais o mesmo.

- **Exemplo 1:** Finalmente, Bilbo retorna ao lar. Escreve um livro sobre suas aventuras, e se torna o estranho hobbit que gosta de aventuras.

- **Exemplo 2:** Após o primeiro ano na escola de magia, ansiosos para se encontrarem no ano seguinte, os alunos se despedem de Harry, que retorna ao mundo dos trouxas, onde a convivência com os seus tios nunca mais será a mesma.

Exemplo de Jornada do Herói em uma carta de vendas

1. Mundo Comum.

Sou do mercado financeiro, e apesar de que hoje estou no meu peso ideal, nem sempre foi assim. Eu era... gordo. Muito gordo. <mostrar foto> Sim, esse sou eu.

2. Chamado à aventura.

Eu até me sentia bem com isso, mas comecei a me sentir muito cansado.

Um dia o cansaço estava tão grande que achei melhor ir ao médico para um check-up. O médico fez uma bateria de exames, olhou para mim, e disse: "Ok, vou ser direto com você. Ou você emagrece ou você morre."

3. Recusa ao chamado.

Achei que ele estava brincando, até ri na hora. Mas ele me explicou tudo que estava acontecendo com meu corpo devido ao sobrepeso; voltei para casa e chorei como uma criancinha. Não era isso que eu imaginava.

4. Travessia do umbral.

O que um gordinho que nunca fez exercícios faz para emagrecer?

Não sabia e decidi fazer tudo. No dia seguinte fui para a academia do prédio e vi na internet a dieta da moda.

Não preciso dizer que quase morri de verdade com isso. Meu corpo não sabia como emagrecer.

5. Encontro com Mentor.

Parecia que era o fim do gordinho. Até comprei um terno novo para usar no caixão, mas como um amigo sabia da situação, procurou um preparador físico que veio conversar comigo. Ele me explicou que na minha situação tinha que ensinar meu corpo, passo a passo, como emagrecer. Até me mostrou que mais do que exercícios e dietas, precisava aprender a pensar magro.

6. Testes, aliados e inimigos.

Fizemos um plano de três meses. O plano era simples. Em 3 kg eu tinha que perder 3 kg. Parece pouco, mas quando você está acostumado a ganhar 3 kg todos os meses, emagrecer 3 kg é uma vitória.

Comecei a seguir a dieta e no dia seguinte liguei chorando para ele falando que comi um chocolate e que aquilo não era "magro".

Com muita paciência ele me ajudou e comecei a ver que de vez em quando eu podia comer um chocolate e que não adiantava correr três quilômetros se ainda nem aguentava trezentos metros sem precisar tomar água.

7. Aproximação do objetivo.

Depois de três meses segui à risca o plano e estava preocupado. Antes eu estava para morrer, e agora... será que tinha conseguido emagrecer os 3 kg? No espelho não dava pra ver diferença, e fazia meus exercícios sozinho porque meus amigos riam do gordinho.

8. Provação máxima.

No dia combinado, encontrei com o treinador, subi na balança...

Até comi um chocolate antes de tanta ansiedade. A minha cara e a dele foi de surpresa. Não acreditamos no que vimos.

Eu... estava... magro!

Ele começou a rir, porque até ele estava em dúvida se aquele método também ia funcionar para mim. Foi uma vitória e um alívio tão grande, que até tomamos sorvete em seguida.

9. Conquista da recompensa.

A verdade é que emagrecer é um conjunto de exercícios, dieta e controle da mente. Você pode comer seu chocolate ou tomar um sorvete, se você souber PORQUE está fazendo isso. E é só não exagerar e seguir a rotina, que seu corpo responde.

10. Caminho de volta.

Veja, não foi fácil. Perder 60 kg não é um processo fácil, mas depois de quatro anos consegui. Porque meu corpo aprendeu o caminho. E vendo a transformação que aconteceu em mim, meus amigos começaram a me perguntar o que eu fazia.

11. Depuração.

Comecei a explicar e percebi que eles também conseguiam resultados. Junto com o treinador fomos refinando, chegamos em um método simples e que apenas funciona.

12. Transformação.

Como passei pelo mesmo processo que você pode estar agora, decidi que precisava levar isso para o maior número de pessoas.

Exercício: Crie sua jornada do herói

Mesmo esse não sendo o modelo ideal para vendas, é um modelo que funciona e você pode usá-lo de várias maneiras na sua comunicação.

Anexo 3: Um Modelo de História que Funciona MELHOR que a Jornada do Herói

Nesses anos como copywriter aprendi uma coisa importante. Uma história bem contada sempre coloca seu cliente em "posição de compra".

Levei muito tempo para aprender a "arte" de contar boas histórias. E, confesso, nunca gostei do modelo da "Jornada do Herói", porque ela é ótima... para filmes.

Em 2016 fiz dois cursos que mudaram minha forma de contar histórias, e meus resultados dispararam.

Hoje trago para você um modelo especial de história que, na minha experiência, converte até três vezes mais que a jornada do herói.

Aqui está esse roteiro que considero como uma verdadeira pérola e joia que você deve estudar em profundidade.

1. Como você encontrou o problema.

Seu produto é a solução de um problema que você enfrentou.

> Se você quer <transformação>, esta mensagem pode ser a mais importante da sua vida.
>
> Aqui está o porquê:
>
> Meu nome é Gustavo, e nos últimos 4 anos me dedico ao copywriting, há 9 anos sou consultor de negócios, porém, sempre tive muita dificuldade em vender.
>
> Meu nome é <fulano>, e <tenho uma credencial>, porém, <nem sempre foi assim>

2. Por que você precisava resolver esse problema?

Que frustrações ele gera? Que medos você tinha? Qual o preço de não resolver esse problema?

> "Porém nem sempre foi assim."
>
> Há pouco tempo, estava afogado em dívidas, não conseguia pagar as contas e sempre ficava preocupado com o que minha família iria comer. Isso me deixava louco.
>
> Há pouco tempo <estava com dor>, <outra dor>, e sempre ficava <preocupação emocional>

3. Imagine o futuro, a solução ideal.

A Grande Descoberta. Você imagina que há uma solução perfeita e tem uma ideia de como ela é. NÃO é sobre seu produto, mas sobre os benefícios.

> Imaginava que existia uma forma simples de <benefício>, <benefício> e <benefício>.
>
> Imaginava que deveria existir uma forma simples para <alcançar benefício>

4. Sua busca pela solução

Você procurou várias soluções e todas falharam. Algumas eram boas em um ponto e ruins em outro. Não funcionavam.

> Decidi buscar uma forma de <alcançar o resultado>. Porém, encontrei muitos produtos no mercado que não funcionavam, <ou objeção>. Alguns até funcionavam por um tempo, mas o resultado sempre era pequeno, <e voltava para o ponto inicial>.

5. A hora mais escura ("pesadelo")

Sua grande frustração. Tem que ser do jeito certo, senão você fica frustrado.

> Eu não aguentava mais isso. Eu precisava <alcançar transformação> porque estava <emoção "ruim"> <diante do maior medo>

6. O momento da verdade

Você deixa de ter um problema e cria uma solução. "Não consigo encontrar a solução, então vou criá-la."

> Um dia decidi que isso bastava. Se não consigo encontrar uma solução que funciona, então decidi criá-la. Estava decidido a mudar isso, e a mudar isso agora. Estava na hora de criar a solução ideal e completa.

7. A invenção

Liste os "fatos" e "benefícios" da solução, ainda não é do produto.

> Eu queria algo que me permitisse <benefício>, <benefício> e <benefício>. Encontrei/Criei uma solução que me deixou empolgado e que tinha tudo isso.
>
> "Eu queria X, Y e Z, então coloquei isso. Criei uma solução que me deixaria empolgado como cliente se alguém fizesse antes."

8. O triunfo

Sua solução é a solução perfeita para o problema.

> Criei um método único, e seguindo esses passos, <em pouco tempo> me permitiu <alcançar o benefício/transformação>. Hoje <minha vida é como sempre quis>

Dica: fale do presente. Seguindo esse método, em menos de 3 meses, estava novamente bem com meu marido. Hoje, nos amamos e conversamos como quando nos conhecemos.

9. Compartilhar

Você percebe que é muito bom para guardar só para você, ou melhor, alguém o faz "perceber" que isso deve ser compartilhado.

10. A Oferta

"Apresento para você <x>."

Contraste seu suor e lágrimas com o caminho pronto para seu cliente percorrer.

Quando outras pessoas viram <transformação que ocorreu comigo>, elas me pediram para ensinar isso a elas. Foi aí que percebi que isso deveria ser compartilhado com mais pessoas. Porque todas passaram a <ter o mesmo resultado>.

E porque quero que isso alcance o maior número de pessoas, porque acredito que você também merece <transformação>, apresento para você meu ...

"Método Único e Provado"

Você não precisa sofrer o mesmo que sofri, porque já tenho todo o caminho pronto para você.

Esse é um roteiro de história poderosíssimo... e se você usá-lo, com certeza terá grandes resultados.

No Programa Elite (https://copycon.com.br/em-elite) vou ainda mais fundo na explicação desse roteiro e de várias outras estratégias para você construir sua comunicação completa.

Anexo 4: Preencha os Espaços

Caro Amigo,

Como um último presente, entrego ainda um último modelo pronto para que você possa criar suas próprias cartas e vídeos de vendas matadores.

Este é um modelo que você pode seguir, porém, lembre-se que você sempre precisa criar a sua própria voz.

Pesquise fundo o seu avatar e adapte este modelo para as melhores palavras que farão sentido para seu público e seu negócio. Lembre-se que a estrutura é mais importante. Siga esta sugestão de sequência de apresentação das informações e tenha certeza que você já estará um passo à frente.

1. Gancho (Headline)

Descubra O Método Bizarro Para <objetivo> Em Apenas <período> Sem <objeção> Ou <problema> Nem Mesmo <problema>!

<Título de autoridade: empresário, expert, médico> Revela O Segredo Guardado a 7 Chaves Para De Forma Legal e Segura <Alcançar Objetivo> Em <Período>!

É Uma Vantagem Injusta? Um Truque Permite Você <objetivo> Em <Período> – Especialistas dizem que não deve funcionar, mas funciona!

Nos Próximos 5 Minutos Vou Revelar As Maiores Mentiras Sobre <assunto/objetivo> E Vou Mostrar Como Você Pode <benefício> Em Apenas <período>

2. Prova

Eu mesmo não acreditava que poderia <alcançar/conseguir benefício> tão rápido e meus amigos mais próximos ficaram chocados com meus resultados.

Desde <data> Eu Consegui <Objetivo>. Isso significa <grande benefício/desejo específico> Em Apenas <período>.

Sei que você está cético e deveria estar. Mas esses resultados falam por si... eu realmente fiz <benefício anterior> em <período>.

E mais do que ter alcançado <resultado> em <período>. Ajudei <número de pessoas> na mesma situação que você a terem os mesmos resultados.

Veja todos esses emails, comentários e mensagens que recebi de pessoas que alcançaram <resultado> com minha ajuda.

A maioria das pessoas não percebe que <estatística, "4 em 5, 8 em 10" pessoas <problema>.

Você sabia que <percentual> de pessoas nunca <alcançam objetivo/resultado>?

De acordo com <autoridade>, <característica do produto/serviço> é <melhor que característica de produto/serviço semelhante, ou senso comum>.

3. História e Imagens

Em <ano/data> eu estava exatamente na sua posição. O que eu mais queria era <alcançar objetivo>. Mas eu não conseguia superar <desafio> e <desafio>.

<Há 'Período'>, eu estava como em um quarto escuro. Estive tentando <alcançar objetivo> por <período> sem sucesso e sem resultados para mostrar pelo meu esforço.

Sentia-me preso e sobrecarregado. Duvidei que conseguiria <alcançar objetivo>. Estava a ponto de desistir de tudo.

Apenas comecei a ver resultados quando percebi que fui pego pela maior mentira sobre <tema que você está vendendo>. Uma mentira que me manteve longe de <benefícios/objetivo>. Se você cai nessa armadilha, se torna muito difícil, senão impossível <benefício/objetivo>.

Depois de minha descoberta, <trabalho> se tornou fácil. Parei de ter dificuldades com <características> e eu <alcancei resultado> em <período>. Nunca estive tão feliz.

Agora quero lhe ajudar a <grande benefício> como eu fiz.

4. Dor

Você já se sentiu perdido? Como se nunca fosse encontrar como <dor>? Se você não <forma de superar a dor> em breve, você pode ficar preso nesse sentimento para sempre.

Se você não descobrir <"segredos">, você nunca vai <alcançar seu objetivo>. Ainda pior, você corre o risco de <maior medo>.

Eu já vi o que acontece quando as pessoas continuam <problema recorrente no meio> e falham em <alcançar objetivo>. É horrível, e não quero que você tenha o mesmo destino.

O que acontece se você não fizer nada? Você vai <maior medo>. Não apenas hoje, mas amanhã e próximo mês e próximo ano. Você pode nunca <alcançar objetivo/sonho>.

5. A Grande Virada

Todo mundo sabe que <promessa ou senso comum>. O problema? Todo mundo faz isso errado. A verdade é que <verdade sobre o problema>! Assim que descobri esse segredo eu pude <alcançar objetivo> em <período> e nunca mais olhei para trás.

Os maiores nomes no <nicho> não querem que você saiba <"esse segredo">. Quando finalmente descobri isso, eu <alcancei benefício> em <período>. Agora minha vida é completamente diferente. Antes eu <faria o que o avatar faz hoje> e agora eu <objetivo>. Meus amigos e minha família sentem inveja, eles não acreditam que eu <alcancei objetivo> e querem saber como fiz isso!

Você não vai acreditar nisso. Isso o deixará irritado. Mas a verdade é que <situação comum na vida do avatar não funciona>. Quanto antes você aceitar isso, melhor, porque <dica> é a chave para <alcançar benefício> em <período>.

6. Prova Social

Pensei que era bobeira, mas quando apresentei <produto/serviço> para <pessoa> ele <alcançou benefício> ainda mais rápido do que eu!

<Produto/Serviço> não funcionou só para mim, <número> de pessoas como nós estão se beneficiando disso para <alcançar benefício> em <período>!

Quando conheci <pessoa>, ela nunca pensou que conseguiria <benefício>. Ela estava a ponto de desistir. Agora ela <alcançou benefício> em <período>!

Há <período>, <pessoa> era uma causa perdida. Ela tentou <a, b e c> sem sucesso. Mas após tentar <característica>, ela <alcançou benefício> em <período>.

7. Oferta Irresistível

Você terá exatamente <característica do produto> que usei para <alcançar objetivo>.

O grande truque efetivo para <alcançar objetivo> que estive usando por <período>. Você não achará em nenhum outro lugar.

Descubra o segredo para <alcançar objetivo> mais rápido. Com isso você vai <benefício> em menos de <período>, sem ter que sofrer por meses ou anos.

As <número> coisas que você tem que fazer antes de <objetivo>. Se você perder mesmo um desses, pode falhar novamente.

Eu revelo as <número> <produtos similares no mercado> que são totalmente ineficientes. E mais o grande <vilão> que impede você de <alcançar objetivo>.

Descubra o estranho <característica> que aprendi com <autoridade> que ajudou <número> de pessoas alcançarem <objetivo>.

Vou entregar meu <modelo> para você <alcançar objetivo>. Usando isso você conseguirá sem esforço <alcançar objetivo> mesmo se você sempre achou impossível.

Meu método provado para <alcançar objetivo>. Mantive isso em segredo até hoje. Se isso ajudar você <alcançar objetivo> como eu fiz, já vale todo o valor de investimento.

O <característica> que significa que você nunca mais terá que se preocupar com <preocupação> de novo.

8. Preço Âncora

O que <alcançar o sonho> vale para você? Se você pudesse <desejo realizado>, você pagaria <valor>? Se você nunca mais tivesse que <dor> novamente, valeria investir <valor menor> ou mesmo <valor menor>?

Quanto você já desperdiçou em <alternativas> que prometiam <desejo>, mas entregaram <problema no mercado> ou pior? Quanto você estaria disposto a pagar por uma solução real?

9. Garantia

Se você não <alcançar objetivo garantido> em <período>, vou devolver 100% do seu investimento – sem questionamentos.

Vou remover todo o seu risco desta decisão. Porque se você investir em <produto/serviço> hoje, e nos próximos <período> você não ficar 100% satisfeito – vou devolver 100% do seu dinheiro.

10. Bônus

Mas espere, ainda tem mais... se você investir no <produto/serviço> hoje você não apenas receberá <bônus, bônus e bônus>. Ainda vou lhe dar <bônus>. Meu exato <característica> que permite você <benefício> sem <objeção>. É um valor de <valor>, totalmente GRATUITO.

O maior obstáculo que as pessoas encontram em <nicho> é <obstáculo>. É por isso que quando você adquirir <produto/serviço> hoje, você também receberá <bônus>, a solução definitiva para <superar obstáculo>.

Além de tudo isso, como um presente especial, você também receberá <bônus>. Com isso você <alcançará benefício> e nunca mais se preocupará com <preocupação> de novo.

11. Preço Âncora

O valor total de tudo que você está recebendo é bem maior que <preço âncora>.

Eu vendo exatamente essa informação que você está recebendo em <produto> por <valor>. A esse preço, ainda é uma barganha.

Você poderia contratar um <especialista> para ter os mesmos resultados, mas isso custaria <valor alto> ou mesmo mais!

12. Corte de Preços

Quando montei essa oferta, iria vendê-la por <valor> – um preço que ainda seria muito justo.

Hoje, por um tempo bastante limitado, você não vai pagar esse valor. Você não pagará <valor> ou <valor>, nem mesmo <valor>.

Apenas dessa vez você pode ter acesso imediato ao <produto/serviço> por apenas <valor real>. Um desconto de <percentual>. Por esse valor, é praticamente de graça.

Preciso avisá-lo que esse é o menor valor que <produto/serviço> terá. Quando essa promoção acabar em <data> o valor irá subir novamente para <valor>.

13. Chamada para Ação

Clique no botão <texto do botão> e entre no caminho para <alcançar objetivo> em <ano atual ou período>.

Pare <dor> para sempre. Clique no botão abaixo desse vídeo e comece <grande benefício> hoje!

Apenas <número> de pessoas irão aproveitar <produto/serviço ou bônus> e começar a <benefício> em <período>. Assim que vendermos tudo, esta página será desativada e <benefícios> serão encerrados. Então clique no botão <texto do botão> agora!

14. Fechamento

Se você continuar <cometendo erro> como você tem feito, você nunca <alcançará objetivo>. Você ainda sofrerá com <problema> e não <alcançará objetivo>.

A boa notícia é que VOCÊ tem o poder para decidir. Ao invés de <continuar fazendo como todo mundo>, você pode <começar a alcançar objetivo>. Ao invés de cair nas mesmas velhas mentiras, você vai descobrir o segredo para <alcançar objetivo>. E você pode <alcançar objetivo> em <período> como eu fiz.

Tudo que você precisa fazer é tomar uma ação hoje. Quando você fizer isso você receberá <característica, característica e característica>. Com isso você finalmente parará de <dor/erro> e começará a <alcançar objetivo>. Um valor total de <preço âncora> por apenas <preço real> – mas apenas se você agir agora.

Você nunca estará mais próximo de <grande benefício>. Mas se você hesitar agora, você estará ainda mais longe de progredir do que antes. Porque em <data final> esta página de vendas fechará e <produto/serviço> estará encerrado. Então se você quer <alcançar objetivo> em <período> – Clique no botão <texto do botão> abaixo desse vídeo agora.

Concluindo

Amigo,

Chegamos ao final deste livro.

Espero que você tenha compreendido tudo que apresentei.

Veja, se você é ou quer ser um copywriter, aqui há informações valiosas que você pode utilizar tanto para começar quanto para aumentar seu nível de copy.

Se você quer aplicar as lições aprendidas no seu próprio negócio, você pode buscar inspiração em todo o material que recebeu até agora e aplicar de diversas maneiras.

Se você tem um site, você pode criar anúncios inspirados nas headlines que apresentei. Pode criar cartas de vendas dos seus produtos e serviços seguindo os passos apresentados como modelo.

Você tem nas suas mãos um material riquíssimo que já gerou milhões de dólares.

Use isso a seu favor.

Entenda que escrever cartas de vendas e headlines nem sempre é uma questão de técnicas. É uma questão de "fazer a bola rolar".

Comece. Faça e refaça quantas vezes for necessário.

Crie uma Oferta Irresistível. Crie seu ganho (headline). E quando começar a escrever sua carta de vendas, apenas comece. Deixe "a bola rolar" e você verá que rapidamente vai conseguir muitos resultados.

Mantenho um site no qual compartilho diversas informações sobre copywriting e, principalmente, como construir negócios sólidos.

Você pode acessar em http://copycon.com.br, ler os artigos e baixar materiais adicionais que irão ajudá-lo nessa caminhada.

Toda semana também envio de 1 a 3 e-mails com algum material novo.

E se você quer ir mais fundo, pode acessar também as Cartas de Ouro Para Empresários (http://copycon.com.br/cartas-de-ouro), as quais nós produzimos durante um ano inteiro, com 52 lições com o passo a passo para construir um negócio sólido, lucrativo e escalável.

Reúno as melhores estratégias de marketing, com as melhores estratégias de negócios, utilizando a internet como forma de potencializar seu alcance e conseguir muito mais clientes.

Com minhas Cartas de Ouro ensino a você o passo a passo para construir seu negócio com um método simples e provado. Tenho também o Programa Elite, com mais de 30 horas de conteúdo sobre e-mail marketing e a criação de cartas de vendas.

É um programa poderoso e você tem 37 e-mails prontos, vários roteiros de cartas de vendas para você montar sua comunicação e mais de 20 cartas de vendas como essas que você viu no livro, com várias explicações.

Você pode ver mais detalhes aqui: http://copycon.com.br/em-elite

Se você quer um negócio sólido, lucrativo e escalável, participe das Cartas de Ouro Para Empresários e do Programa Elite.

Você também pode ver meu livro 100% voltado para explicar o uso dos gatilhos mentais e como você monta sua estratégia de negócios com o uso prático e real dos "gatilhos".

Veja aqui o Livro de Ouro dos Gatilhos Mentais: http://copycon.com.br/livro-gatilhos-mentais

Mande um e-mail para gustavo@copycon.com.br, com o que você achou do livro e suas sacadas :-)

À Sua Riqueza e Felicidade!

Gustavo Ferreira

Acesse https://copycon.com.br/bonus-livro-palavras para materiais e dicas exclusivas.

Outros livros do autor:

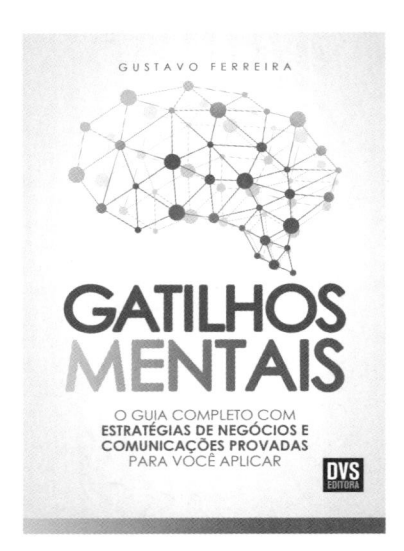

www.dvseditora.com.br

Impressão e Acabamento | Gráfica Viena
Todo papel desta obra possui certificação FSC® do fabricante.
Produzido conforme melhores práticas de gestão ambiental (ISO 14001)
www.graficaviena.com.br